Introdução à Teologia dos Sacramentos

SÉRIE CONHECIMENTOS EM TEOLOGIA

Luís Fernando Lopes
Ellton Luis Sbardella

Introdução à Teologia dos Sacramentos

2ª edição

Rua Clara Vendramin, 58 . Mossunguê
CEP 81200-170 . Curitiba . PR . Brasil
Fone: (41) 2106-4170
www.intersaberes.com
editora@intersaberes.com

Conselho editorial
Dr. Alexandre Coutinho Pagliarini
Dr.ª Elena Godoy
Dr. Neri dos Santos
M.ª Maria Lúcia Prado Sabatella

Editora-chefe
Lindsay Azambuja

Gerente editorial
Ariadne Nunes Wenger

Assistente editorial
Daniela Viroli Pereira Pinto

Preparação de originais
BELAPROSA

Edição de texto
Caroline Rabelo Gomes

Capa
Charles L. da Silva (*design*)
oatawa e Artishok/Shutterstock (imagem)

Projeto gráfico
Charles L. da Silva

Diagramação
Sincronia Design

Iconografia
Regina Claudia Cruz Prestes
Sandra Lopis da Silveira

Dados Internacionais de Catalogação na Publicação (CIP)
(Câmara Brasileira do Livro, SP, Brasil)

Lopes, Luís Fernando
  Introdução à teologia dos sacramentos / Luís Fernando
Lopes, Ellton Luis Sbardella. -- 2. ed. -- Curitiba, PR :
InterSaberes, 2024. -- (Série conhecimentos em teologia)

  Bibliografia.
  ISBN: 978-85-227-1396-7

  1. Sacramentos 2. Sacramentos - Igreja Católica
I. Sbardella, Ellton Luis. II. Título. III. Série.

24-214990   CDD-234.16

Índices para catálogo sistemático:
1. Sacramentos : Teologia dogmática cristã 234.16
Cibele Maria Dias – Bibliotecária – CRB-8/9427

1ª edição, 2017.
2ª edição, 2024.
Foi feito o depósito legal.

Informamos que é de inteira responsabilidade dos autores a emissão de conceitos.
Nenhuma parte desta publicação poderá ser reproduzida por qualquer meio ou forma sem a prévia autorização da Editora InterSaberes.
A violação dos direitos autorais é crime estabelecido na Lei n. 9.610/1998 e punido pelo art. 184 do Código Penal.

sumário

7   *apresentação*
11 *como aproveitar ao máximo este livro*

capítulo um
15 **Teologia dos sacramentos**
17 1.1 Conceito de sacramento
20 1.2 Fundamentos bíblicos
23 1.3 Teologia dos sacramentos ao longo da história

capítulo dois
41 **Economia sacramental**
43 2.1 O mistério pascal nos sacramentos da Igreja
48 2.2 A celebração sacramental do mistério pascal
56 2.3 Os sete sacramentos da Igreja

capítulo três
65 **Sacramentos da iniciação cristã**
67 3.1 O sacramento do batismo

94	3.2 O sacramento da eucaristia
116	3.3 O sacramento do crisma

capítulo quatro
135	**Sacramentos da cura**
137	4.1 O sacramento da penitência e da reconciliação
156	4.2 O sacramento da unção dos enfermos

capítulo cinco
177	**Sacramentos do serviço da comunhão: ordem e matrimônio**
179	5.1 O sacramento da ordem
199	5.2 O sacramento do matrimônio

capítulo seis
219	**Outras celebrações litúrgicas**
220	6.1 Os sacramentais
224	6.2 As exéquias cristãs

235	*considerações finais*
239	*referências*
249	*bibliografia comentada*
253	*respostas*
261	*sobre os autores*

apresentação

Por que falar de *sacramentos* em um mundo marcado pela competição, pelo materialismo, pela busca desenfreada do **ter** como condição para **ser**? Será que ainda tem sentido falar desses sinais visíveis que expressam uma graça invisível?

As repostas a essas questões requerem uma espécie de "mergulho teológico", pois é preciso ir além da superficialidade e olhar para a realidade sob uma ótica divina. Ora, mas como isso é possível? A teologia é, pois, justamente o esforço humano para compreender a realidade sob um olhar divino. Por isso, ela não tem sentido sem a fé. Para recordarmos Santo Agostinho, o que se busca, então, é **crer para entender e entender para crer**.

Da mesma maneira, para compreender a teologia dos sacramentos, é preciso mergulhar na realidade do mistério. Com a palavra *mistério* não nos referimos a algo totalmente incompreensível e distante da realidade humana, mas a algo que se revela, que se dá a conhecer àqueles que se abrem para acolhê-lo. Não por acaso, o Papa Francisco reafirmou, na carta encíclica *Lumen fidei* (a luz da fé), que "os sacramentos são os sacramentos da fé [...] que a fé tem uma estrutura sacramental; o despertar da fé passa pelo despertar de um novo sentido sacramental na vida do homem e na existência cristã, mostrando como o visível e o material se abrem para o mistério do eterno" (Francisco, 2013. n. 40).

Com base nessas considerações, esta obra que você tem em mãos foi organizada didaticamente em seis capítulos, que objetivam oferecer uma compreensão da estrutura sacramental da fé.

No primeiro capítulo, trazemos algumas considerações gerais sobre o conceito de sacramento, seus fundamentos bíblicos e uma abordagem histórico-dogmática sobre estes que visam oferecer subsídios para a compreensão da teologia dos sacramentos.

No segundo capítulo, apresentamos o mistério pascal de Cristo nos sacramentos da Igreja e sua celebração, destacando sua centralidade como ponto de partida de toda a teologia sacramental. Nessa perspectiva, procuramos também explicar o septenário sacramental[1], ou seja, por que há sete sacramentos na Igreja.

No terceiro capítulo, o foco são os sacramentos de iniciação cristã: o batismo, a confirmação (crisma) e a eucaristia, os quais lançam os fundamentos de toda a vida cristã. Destacamos, sobretudo, o sacramento da eucaristia (*sacramento dos sacramentos*), que concluiu a iniciação e é a fonte e o ápice de toda a vida eclesial.

A penitência e a unção dos enfermos, ou seja, os sacramentos da cura, são abordados no quarto capítulo. A finalidade de ambos é, por meio da Igreja e na força do Espírito Santo, continuar a obra de cura e salvação de Cristo.

---

1 A expressão *septenário sacramental* refere-se ao consumo dos sete sacramentos da Igreja.

O quinto capítulo trata dos chamados *sacramentos do serviço* – ordem e matrimônio –, destacando o caráter relacional e a especificidade de ambos como sacramentos que conferem uma missão particular à Igreja e servem para a edificação do povo de Deus.

Por fim, no sexto e último capítulo, abordamos outras celebrações litúrgicas da Igreja: os sacramentais e as exéquias. Salientamos que os sacramentais, como sinais sagrados instituídos pela Igreja, visam à preparação para receber o fruto dos sacramentos, bem como santificar as mais diversas circunstâncias da vida.

Esperamos que as reflexões apresentadas nesta obra possam colaborar para uma compreensão da teologia dos sacramentos e, dessa maneira, ajudar na formação de estudantes de Teologia e demais interessados pelo tema.

como aproveitar ao máximo este livro

Empregamos nesta obra recursos que visam enriquecer seu aprendizado, facilitar a compreensão dos conteúdos e tornar a leitura mais dinâmica. Conheça a seguir cada uma dessas ferramentas e saiba como estão distribuídas no decorrer deste livro para bem aproveitá-las.

Introdução do capítulo

Logo na abertura do capítulo, informamos os temas de estudo e os objetivos de aprendizagem que serão nele abrangidos, fazendo considerações preliminares sobre as temáticas em foco.

Síntese

Ao final de cada capítulo, relacionamos as principais informações nele abordadas a fim de que você avalie as conclusões a que chegou, confirmando-as ou redefinindo-as.

Indicações culturais

Para ampliar seu repertório, indicamos conteúdos de diferentes naturezas que ensejam a reflexão sobre os assuntos estudados e contribuem para seu processo de aprendizagem.

Atividades de autoavaliação

Apresentamos estas questões objetivas para que você verifique o grau de assimilação dos conceitos examinados, motivando-se a progredir em seus estudos.

Atividades de aprendizagem

Aqui apresentamos questões que aproximam conhecimentos teóricos e práticos a fim de que você analise criticamente determinado assunto.

Agora, assinale a alternativa que apresenta a sequência correta:
a) V, V, F, F.
b) F, F, V, V.
c) V, F, F, V.
d) F, V, V, F.

Atividades de aprendizagem

Questões para reflexão

1. Com base na leitura deste capítulo, responda: o que é sacramento?
2. Qual foi o principal objetivo da escolástica no que diz respeito à teologia dos sacramentos?
3. Os sacramentos têm fundamentação bíblica? Justifique sua resposta.

Atividade aplicada: prática

Converse com algumas pessoas da sua comunidade (de 3 a 5 pessoas) a respeito da compreensão que elas têm acerca dos sacramentos. Procure, sobretudo, perceber as razões pelas quais as pessoas desejam receber os sacramentos. Depois, relacione os resultados de sua pesquisa com o conteúdo estudado neste capítulo e elabore uma síntese para discussão e aprofundamento do tema.

 Introdução à Teologia dos Sacramentos

Bibliografia comentada

Nesta seção, comentamos algumas obras de referência para o estudo dos temas examinados ao longo do livro.

BOFF, L. Os sacramentos da vida e a vida dos sacramentos: mínima sacramentalia. Petrópolis: Vozes, 1980.

Com profundidade e originalidade próprias, Leonardo Boff aborda a teologia dos sacramentos sem distanciar-se da doutrina do magistério. Fazendo uso de exemplos simples do cotidiano, como o fato de as pessoas tomarem chimarrão juntas, ou utilizando a figura de uma caneca, ou de um toco de cigarro, Boff procura explicar a dimensão simbólica dos sacramentos e seus significados teológicos.

BORTOLINI, J. Os sacramentos em sua vida: uma visão completa em linguagem popular. São Paulo: Paulus, 2013.

Com uma linguagem bastante didática, a obra trata dos sacramentos como sinais do amor de Deus para com a humanidade. Segundo seu autor, Padre José Bortolini, a imagem mais adequada para iniciar os sacramentos é a de uma mãe amamentando uma criança. Com novos

capítulo um
Teologia dos sacramentos[1]

---

[1] Todas as passagens bíblicas utilizadas neste capítulo são citações da Bíblia de Jerusalém (2002). Os documentos da Igreja Católica que foram publicados pelo Concílio Ecumênico Vaticano II (1961-1965) são indicados pela sigla CVII. Na seção "Referências", esses documentos estão elencados sob a autoria de CVII – Concílio Ecumênico Vaticano II.

Este capítulo tem como objetivo fazer algumas considerações que visam oferecer subsídios para a compreensão da teologia dos sacramentos, cuja centralidade está no mistério pascal de Cristo. Para tanto, apresentamos, inicialmente, o conceito de sacramento, passando em seguida a tratar dos fundamentos bíblicos desse conceito e da abordagem histórica de sua definição. Destacamos que tal compreensão pressupõe o entendimento do **pensamento sacramental**, que designa "a convicção de que a história de Deus com os homens acontece em eventos, em atos e encontros historicamente constatáveis" (Nocke, 2002, p. 174). Esses eventos se tornam sinais da proximidade de Deus, nos quais ele se mostra aos homens e pelos quais os transforma.

1.1 Conceito de sacramento

Frequentemente, mas não em todos os casos, desde as versões latinas da Bíblia, o termo latino *sacramentum* (sacramento) traduz o vocábulo grego *mysterion* (mistério). Ao longo da tradição cristã, esses dois termos mudaram sensivelmente de significado (Nocke, 2002). Há certo preconceito quanto à palavra *mistério*. No entanto, *mistério* não é algo inexplicável, desconhecido, mas algo que pode ser conhecido, pois Deus deu a conhecer o seu mistério.

É preciso, então, superar esse preconceito. Obviamente, necessitamos de instrumentos próprios para conhecer esse mistério.

Na Igreja antiga, em razão das discussões com a gnose e com cultos pagãos, os apologetas (defensores da fé) – entre os quais Clemente e Orígenes – afirmavam que os conteúdos da fé são os verdadeiros mistérios.

Etimologicamente, a palavra *mistério* designa:

....

- o ato de quem não consegue ficar com as pálpebras abertas;
- uma dimensão que ultrapassa os limites da nossa razão;
- uma realidade que, embora possa ser adentrada, não pode ser esgotada (Rocchetta, 1991).

....

Dessa forma, *mistério* diz respeito à busca de uma realidade escondida – busca essa que precisa ser realizada por meio de alguns símbolos ou de um caminho simbólico. Portanto, expressa uma realidade e uma participação nesta que transcendem a linguagem e o discurso racionais.

Ora, o mistério só pode ser alcançado por meio do simbolismo, motivo pelo qual Jesus nos deixou seu memorial. Assim, por exemplo, no Novo Testamento a palavra *mistério* é utilizada por Paulo com um significado sacramental: "para que sejam confortados os seus corações, unidos no amor, e para que eles cheguem à riqueza da plenitude do entendimento e à compreensão do mistério de Deus [que é Cristo]" (Colossenses, 2: 2).

É importante notar como Paulo acentua a centralidade de Cristo. Ele não quer anunciar outra coisa senão Jesus Cristo, que se tornou o "Senhor da Glória", o mistério da sabedoria oculta de Deus (I Coríntios, 2: 27-28).

Já o termo *sacramento* designa tanto o ato de consagrar como o meio pelo qual se consagra algo ou alguém, ou seja, destina-se à esfera do **sagrado**. Na Igreja antiga, o termo tinha uma conotação jurídica. Assim, não por acaso, o juramento à bandeira no exército, o juramento no processo civil e mesmo a quantia de dinheiro depositada como caução por partidos em litígio em um processo são denominados *sacramento*. Todavia, em todos esses casos, o aspecto jurídico tem conotação religiosa. No caso do juramento à bandeira, por exemplo, entrega-se a pessoa ao juízo da divindade.

As primeiras traduções da Bíblia para o latim procederam de modo diverso com relação ao uso do termo grego *mysterion*. Enquanto as traduções de origem africana utilizaram o termo *sacramentum*, as versões que surgiram na Itália, inclusive a Vulgata, fizeram uso do estrangeirismo *mysterium*. Santo Agostinho, por sua vez, empregou as palavras *sacramentum* (do latim) e *mysterion* (do grego) como sinônimas, para designar todo fato que aponta para uma **realidade espiritual**, ou seja, que não se esgota em ser somente aquilo que aparenta (Nocke, 2002).

A partir do século XIII e principalmente após o Concílio de Trento (1545-1563)[2], quando se definiu a natureza do sacramento como

---

2   O Concílio Ecumênico de Trento, convocado pelo Papa Paulo III e realizado na Itália, na cidade de Trento, entre 1545 e 1563, foi o 19º da Igreja Católica e tratou principalmente de assegurar a unidade da fé no contexto da Contrarreforma.

Introdução à Teologia dos Sacramentos

sinal eficaz da graça, o termo *sacramento* passou a ser aplicado apenas para indicar os sete ritos fundamentais da Igreja. Essa restrição se manteve até o Concílio Ecumênico Vaticano II (CVII) (1961-1965), quando o termo passou a ser utilizado no sentido amplo original[3].

De acordo com Ganoczy (1988), o conceito de sacramento, sob o aspecto da história das línguas e da história da teologia, tem origem no conceito pré-cristão de mistério. Porém, a simples verificação de que, nos primeiros séculos cristãos, o termo latino *sacramentum* foi a versão utilizada para o termo grego *mysterion* não é suficiente para compreender o campo religioso riquíssimo de significação desses termos. Essa compreensão exige um exame atento de cada termo em seu contexto próprio na história do pensamento.

Com base nessas considerações, podemos citar a definição de *sacramento* expressa pelo Catecismo da Igreja Católica (Santa Sé, 1992, n. 1131): "Os sacramentos são sinais eficazes da graça, instituídos por Cristo e confiados à Igreja, pelos quais nos é dispensada a vida divina".

Nessa definição, podemos captar a centralidade do **mistério de Cristo** como ponto de partida para toda a teologia dos sacramentos. Na definição, há também a relevância do caráter simbólico dos sacramentos (sinais sensíveis e eficazes) para a compreensão de sua relação com a Igreja, uma vez que eles existem por meio dela e para ela. É por eles que o mistério da comunhão do Deus amor é manifestado e comunicado aos homens. Contudo, ao falarmos hoje de *sacramento*, não consideramos apenas os sete sacramentos adotados pela Igreja, mas fazemos referência a uma sacramentalidade que abrange Cristo, a Igreja, o ser humano e todo o mundo criado.

---

3   O Concílio Ecumênico Vaticano II, influenciado sobretudo pelas contribuições dos movimentos bíblico e litúrgico, bem como das ciências humanas, voltou a utilizar o termo *sacramento* em seu sentido original, ou seja, de maneira ampla, aplicando-o a Cristo, à Igreja, ao cristão, a toda pessoa e às realidades criadas.

Para Borobio (1990, p. 288),

> O sacramento é uma realidade pluridimensional, que inclui diversos elementos ou "personagens" (Deus-homem-Igreja) e se realiza em conexão com diferentes contextos e situações (históricas, culturais, pastorais). Por isso, embora a sua essência permaneça e seja sempre a mesma, há a exigência de uma interpretação circunstanciada de seus diversos elementos.

Para melhor compreendermos o pensamento sacramental com o qual toda a tradição bíblica está fortemente impregnada, faremos uma abordagem panorâmica de algumas passagens centrais do Velho e do Novo Testamento.

1.2 Fundamentos bíblicos

Uma questão fundamental sobre os sacramentos diz respeito ao fato de que nós os encontramos na Bíblia. Alguns sacramentos, como o batismo, a eucaristia e a penitência, têm referências diretas, o mesmo não acontecendo com os demais.

Também não encontramos na Bíblia o termo *sacramento* com o sentido que empregamos hoje a ele (Nocke, 2002). Entretanto, as Escrituras, do Gênesis ao Apocalipse, estão marcadas por uma perspectiva simbólica. No Antigo e no Novo Testamento, encontramos sinais nos quais Deus se revela e manifesta seu plano de amor.

Sinais centrais de Deus no Antigo Testamento são a criação do mundo e do ser humano à imagem de Deus (Gênesis, 1: 26-31), o êxodo do Egito (Êxodo, na íntegra), a Torá (Deuteronômio, 3: 10; 32: 47; Salmos, 1: 2) e os gestos simbólicos dos profetas (I Reis

19: 19-21; Oséias, 3: 1-5; Jeremias, 32: 6-15). Assim, toda a história de Israel tem caráter simbólico.

Nos processos políticos de saída da escravidão, instituição da lei, tomada da terra e retorno do exílio, desenvolveu-se uma história de Israel com um Deus que liberta, institui uma ordem de vida, dá a terra, perdoa e possibilita um recomeço. Inclusive os acontecimentos desastrosos podem ser considerados sinais da proximidade de Deus: a deportação do povo de Israel para o exílio, por exemplo, revela o agir de Deus, uma vez que ele julga o povo, que se tornou infiel, e o conduz de volta; não obstante, o povo permanece fiel a esse Deus.

Assim, não percebemos no mundo criado apenas as marcas do Criador, mas também sinais do pecado e da necessidade de redenção (Gênesis 3: 16, 18-19; 4: 14, 23). O ser humano apresenta-se, dessa forma, como um sinal ambíguo, capaz de fazer o bem ou o mal.

Na literatura do Antigo Testamento, chamada *apocalíptica* (livros da Sabedoria, Daniel, Tobias, Judite, Eclesiástico, Macabeus), o termo *mistério* foi empregado mais no sentido profano ou filosófico. Contudo, influenciou escritos posteriores, bem como a compreensão dos ritos cristãos.

No Novo Testamento, também percebemos essa ambiguidade, pois é possível reconhecer no mundo o eterno poder e a divindade de Deus (Romanos, 1: 20; Mateus, 6: 25-34), mas esse mundo ainda tem que ser libertado e transformado (Romanos, 8: 21; II Pedro, 3: 13; Apocalipse, 21: 1).

De qualquer modo, é preciso enfatizar que **o sinal por excelência de Deus no Novo Testamento é Jesus Cristo**. É ele quem vem revelar o plano de Deus para o ser humano. É com os atos de Cristo que se compreende o que Deus faz no ser humano: Jesus toca, cura, expulsa demônios, traz o deficiente para o meio (Marcos, 1: 41; 3: 3; 7: 33; Lucas, 13: 13).

Jesus é o sinal de Deus e por suas palavras e ações conhecemos quem é o Criador, bem como qual é o seu plano de salvação. Como afirma o texto de Marcos (4: 11), Jesus veio manifestar o mistério do Reino de Deus por sinais (palavras e ações).

Assim, Deus volta-se para a humanidade, aproxima-se dela de um modo concreto, corporal. O Evangelho de João enfatiza ainda mais os sinais, os grandes feitos de Deus, e apresenta Jesus como o verbo de Deus que se fez carne e habitou entre nós (João, 2: 11-23; 3: 2; 4: 54; 20: 30; 1: 14) (Nocke, 2002).

Os sinais continuam na comunidade pós-pascal, pois Deus aprovou Jesus e agora acontecem milagres e sinais por meio das mãos dos apóstolos (Atos, 2: 22,43; 5: 12; 8: 13; 14: 3; 15: 12). Todavia, é preciso deixar claro que os apóstolos não operam milagres por conta própria: é o Senhor mesmo que realiza os milagres e sinais por meio deles (Atos, 14: 3).

No entanto, esses sinais não são apenas aquelas demonstrações consideradas extraordinárias. Toda a vida da comunidade que persevera na doutrina dos apóstolos, na oração e no partilhamento do pão (I Coríntios, 10: 16; Atos, 2: 42-46; 20: 7; 27: 35) é também um sinal. Além disso, temos muitos outros ritos relatados que mostram a atuação de Jesus na comunidade neotestamentária, como imposição das mãos (Marcos, 16: 18; Atos, 6: 6), unções (Marcos, 6: 13; Tiago, 5: 14), lava-pés (João, 13: 1-15) e batismo (Marcos, 1: 9-11; 16: 16; Mateus, 28: 19; João, 3: 22; 4: 1-42; Romanos, 6: 1-14).

Em síntese, segundo Nocke (2002, p. 177), o resultado é semelhante ao encontrado sobre o uso da palavra *mysterion* no Novo Testamento. "Assim como Jesus Cristo é o mistério de Deus por excelência e assim como esse mistério se torna presente na comunidade, assim Jesus Cristo é o sinal realizador de Deus por excelência, e a comunidade se torna sinal porque e na medida em que nela atua o Jesus ressuscitado". Algumas ações da comunidade se tornam sinais porque nelas Jesus é anunciado e experimentado como presente.

Com base na visão de Cristo como aquele no qual se manifesta o mistério de Deus, o termo *mistério* passou a ser aplicado a seus atos e, em seguida, às ações que a Igreja em sua memória realiza. Dessa maneira, esse mistério torna-se presente na comunidade em que Jesus Cristo é anunciado.

É com essa compreensão que a Igreja entende os sacramentos como *os sacramentos de Cristo*. Os mistérios da vida de Cristo testemunhados no Novo Testamento são os fundamentos dos sacramentos, considerados "as 'obras-primas de Deus' na Nova e Eterna Aliança" (Santa Sé, 1992, n. 1116).

1.3 Teologia dos sacramentos ao longo da história

Até o século XII, o termo *sacramento* (mistério) foi utilizado para designar outras realidades, e não apenas os sete sacramentos. Aplicava-se o termo a Cristo, à Igreja, às Escrituras, à Páscoa, à Quaresma, entre outros. Posteriormente, começou-se a distinguir os chamados **sacramentos maiores** (batismo e eucaristia) dos **sacramentos menores** (penitência, confirmação, ordem, matrimônio e unção dos enfermos).

A partir do século XIII, e principalmente após o Concílio de Trento, definiu-se claramente a natureza do **sacramento como sinal eficaz da graça**. Assim, o termo *sacramento* passou a ser aplicado somente aos sete ritos sacramentais da Igreja. Com a Reforma Protestante, as restrições quanto ao uso do termo ficaram ainda maiores. Delimitou-se, então, que só poderiam ser chamadas de *sacramento* aquelas realidades que estivessem de acordo com as seguintes condições:

- **Instituição por Cristo** – Considera-se a instituição pela ação de Jesus e pelo testemunho do Novo Testamento. Essa questão está ligada também à definição do número dos sacramentos em sete.
- **Estrutura de matéria e forma, eficácia** *ex opere operato* – Todo sacramento tem uma matéria, como a água, no batismo, e uma forma, ou seja, as palavras com as quais se realiza o ato sacramental. Em virtude da ação salvífica de Cristo, os sacramentos são eficazes pelo próprio fato de a ação ser realizada, não dependendo da santidade de quem o confere ou recebe. A graça de Deus está assegurada independentemente do fator *sujeito*.
- **Intenção por parte do ministro e disposições por parte do sujeito** – É necessário ter a intenção de fazer o que a Igreja faz. Eles produzirão frutos naqueles que os recebem com as disposições exigidas.

Para melhor compreensão de cada uma dessas condições, esboçaremos a seguir um panorama da conceituação histórica dos sacramentos desde a Igreja primitiva.

As ideias platônicas influenciavam as características essenciais da doutrina sacramental nos primórdios. O pensamento de quase todos os padres da Igreja (gregos[4]) considerava a noção de **símbolo real**, ou seja, a noção de que uma realidade inferior é símbolo de uma realidade superior. Porém, não apenas como uma semelhança entre duas realidades, mas como expressão. Dessa forma, **a realidade superior se expressa na realidade inferior.**

---

4   Assim chamados porque escreveram em grego. Podemos citar como exemplos: Irineu de Lyon, Clemente de Alexandria, Orígenes de Alexandria, João Crisóstomo, entre outros.

Segundo a concepção platônica, existem duas realidades: o mundo em que vivemos é considerado uma cópia (imagem) do mundo das ideias, que é o mundo real. Tais ideias (perfeitas) se mostram nas cópias de nosso mundo, ainda que não completamente no que diz respeito as suas essências.

É por essa compreensão que os padres gregos consideraram o *mistério* como uma relação entre imagem e arquétipo divinos (em comparação com a concepção platônica) que é revelada ao iniciado. Não é, portanto, algo inacessível, mas uma relação que se encontra no âmbito da experiência humana e que participa do ser e da eficácia do arquétipo. Entre os padres da Igreja, ainda que com aplicações particulares, encontramos essa concepção de *mistério*.

Nocke (2002) exemplifica essa questão citando o sacramento da eucaristia, que é denominado *figura, imagem, semelhança, símbolo* do Senhor exaltado. "Com isso não se tem em mente apenas uma figura estática, mas também um evento figurativo-realizador, de modo que se pode falar, conforme a compreensão dos patrísticos gregos, não apenas de uma 'presença real', mas também de uma 'presença atual' de Cristo" (Nocke 2002, p. 179).

Outro conceito é o de **imitação** (*mimesis*), utilizado para designar toda a existência cristã. Inicialmente, tratava-se de imitação no sentido de *discipulado*, mas, com o passar do tempo,

Até o século XII, o termo sacramento *(mistério) era utilizado para designar outras realidades, e não apenas os sete sacramentos. Aplicava-se o termo a Cristo, à Igreja, às Escrituras, à Páscoa, à Quaresma, entre outros. Posteriormente, começou-se a distinguir os chamados* sacramentos maiores *(batismo e* eucaristia) *dos* sacramentos menores *(penitência, confirmação, ordenação, matrimônio e unção dos enfermos).*

A partir do século XIII, e principalmente após o Concílio de Trento, definiu-se claramente a natureza do sacramento como sinal eficaz da graça. Assim, o termo sacramento *passou a ser aplicado somente aos sete ritos sacramentais da Igreja.*

o termo foi associado à liturgia. Assim, por exemplo, os ritos batismais são considerados imagens e imitações da paixão, morte e ressurreição de Cristo. Trata-se de uma repetição dramática por meio da qual os batizados participam da história e do mistério de Cristo. Segundo João Crisóstomo (354-407), que era responsável pela preparação dos catecúmenos de Antioquia, **chama-se *mistério* porque vemos uma coisa e cremos em outra**. Por isso, ressalta-se a importância da fé nos mistérios.

Por sua característica existencial e também divina, o termo *mistério* aparece primeiramente no culto e depois na filosofia. Elementos da Antiguidade vão influenciar a compreensão cristã de *mistério* e de *sacramento*. Assim, é nos mitos e nos cultos antigos que a tradição de culto dos mistérios tem sua origem. Celebrações eram realizadas para que se pudesse participar da vida dos deuses e deles receber o dom da fertilidade. Contudo, apenas pessoas iniciadas podiam participar desses cultos.

Dessa maneira, o pensamento filosófico grego do período clássico fez uma comparação entre os esforços dos iniciados para conseguir participar da vida dos deuses por meio do culto ao mistério e os esforços do pensamento para se chegar à sabedoria e à verdade. Também na filosofia platônica é necessário que um iniciado persevere para chegar à verdade, que está no mundo das ideias e do qual as realidades sensíveis são apenas cópias.

Entre os representantes da patrística[5], Santo Agostinho (354-430) exerceu grande influência sobre a teologia sacramental do Ocidente. Seu ponto de partida foi a distinção entre **coisa** (*res*, em latim) e **sinal** (*signum*). De acordo com o bispo de Hipona, as coisas existem para

---

5   *Patrística* refere-se aos padres da Igreja (pais da Igreja) que, no Oriente e no Ocidente, até o século VII, elaboraram e defenderam os conceitos da fé e, de certa maneira, são responsáveis pelo que hoje se chama de *tradição da Igreja*.

Introdução à Teologia dos Sacramentos

designar algo, mas representam a si mesmas (a madeira, por exemplo), já os sinais apontam sempre para algo diferente (por exemplo, os sinais nas placas de trânsito que orientam os motoristas).

Mas, ao lado disso, também há as coisas que existem em si e são, ao mesmo tempo, sinais para outras coisas, como acontece, por exemplo, no caso da madeira que Moisés atirou na água para esta deixar de ser amarga (Êxodo, 15: 25). Nessa mesma linha, Santo Agostinho ainda distinguiu os **sinais naturais** dos **sinais dados**. Os primeiros dão a conhecer algo, sem que tenham essa intenção (por exemplo, a fumaça indica que há fogo). Já sinais dados, como um aceno com a mão, são aqueles realizados intencionalmente para fazer com que algo seja conhecido (Nocke, 2002).

Nessa perspectiva, os sacramentos são sinais dados, sinais sagrados, pois apontam para uma realidade sagrada. Por meio de coisas visíveis, o fiel é conduzido às realidades invisíveis. Todavia, de acordo com Santo Agostinho, o sinal visível não tem um efeito salvífico sem vincular-se à palavra de Deus. Esta faz do sacramento uma espécie de palavra visível.

Com base nessas considerações, Nocke (2002, p. 181) salienta que:

> Pela enfática distinção entre "sinal" e "realidade" e por meio de sua ênfase na palavra em relação ao sinal visível a teologia ocidental recebe uma tônica diversa da teologia oriental: em contraposição ao pensamento mais voltado para figuras e mais real-simbólico da Igreja Oriental, no Ocidente ganha espaço o pensamento mais analítico, determinado por palavras e conceitos.

Apesar da influência neoplatônica, a ênfase na compreensão do que seja o *sinal* adquiriu base teórica com Agostinho. Porém, no segundo milênio, a Igreja ocidental continuou a usar *sacramento* nos dois sentidos: sinal sagrado e mistério. No entanto, a partir do século IX, quando se estabeleceu no Ocidente a antiga ideia latina de representação pictórica, ou seja, de que o sinal é apenas algo semelhante, começou-se a enfatizar a questão da **causalidade**. Assim, buscava-se explicar a presença real de Cristo nos sacramentos: **Como pode algo simultaneamente ser sinal e causa do que retrata?**

Os teólogos da escolástica[6] se empenharam com grande afinco para responder a essa questão. Nesse contexto, é preciso considerar o interesse sistematizante, inclusive no que diz respeito ao número dos sacramentos e à sua fixação em sete na segunda metade do século XII. É importante salientarmos que, até aqui, vigorava o conceito amplo de sacramento da Igreja antiga.

Hugo de São Vitor (1096-1141), influente teólogo da escola agostiniana dos cônegos de Paris, afirmou que os sacramentos contêm a graça que sinalizam, portanto, não são apenas sinais, mas também **vasos da graça**. Nessa figura do vaso da graça, há também a compreensão escolástica dos sacramentos como **recipientes do medicamento contra o pecado**.

Ainda segundo Hugo de São Vitor (citado por Nocke, 2002, p. 182, grifo nosso), "Sacramento é um elemento material, apresentado exteriormente perceptível aos sentidos e que, em virtude de uma semelhança, *representa*, em virtude da instituição por Cristo, *significa* e em virtude de uma consagração santificadora, *contém* uma graça espiritual invisível".

Já para Pedro Lombardo (1100-1160), *sacramento* é aquilo que é sinal da graça de Deus de tal modo que leva sua imagem e é sua causa. Assim, para explicar o modo como o sacramento age e o efeito que ele produz, inicialmente, deve-se afirmar que o sacramento é um sinal eficaz e, nesse sentido, ele é **causa** da graça.

---

6 Na exposição sobre os teólogos da escolástica, tomamos por base o texto de Nocke (2002, p. 181-189).

Boaventura (1218-1247) apresentou duas interpretações: a **teoria da causalidade dispositiva**, de acordo com a qual o sacramento prepara para a graça, mas ainda não é a própria graça, e a **teoria do pacto**, segundo a qual Deus atua por seu poder toda vez que o sacramento é recebido. E, mesmo dando a entender que prefere a segunda, Boaventura não se definiu e considerou impróprio confiar firmemente na razão quando falamos de coisas maravilhosas.

Santo Tomás de Aquino (1225-1274), por sua vez, defendia a ideia de que os sacramentos são instrumentos na mão de Deus. Eles não são necessários em virtude de uma ordem divina, mas em virtude da causa em si. Com isso, Santo Tomás de Aquino falava de uma **causalidade instrumental**, em uma perspectiva positiva da matéria e da corporalidade, uma vez que os sinais físico-materiais são adequados ao ser humano físico. No entanto, é Deus que continua sendo o verdadeiro sujeito do agir da graça.

Nesse sentido, durante a escolástica, definiu-se e privilegiou-se a dimensão objetiva da eficácia sacramental, ou seja, **a graça produzida pelo sacramento depende somente de Deus, e não da fé pessoal dos homens**, o que foi expresso pela fórmula: *ex opere operato* (por força do rito executado), e não apenas *ex opere operantis* (por força daquele que executa o sacramento) (Nocke, 2002).

Com isso, temos a distinção entre o fator objetivo divino e o subjetivo humano no sacramento. Mas, se, por um lado, a presença de Deus está garantida nessa maneira de compreender o sacramento, por outro, há o risco de considerá-lo um ritualismo mágico. Esse último foi, inclusive, um dos aspectos criticados pelos reformadores (Lutero, Zuínglio e Calvino) e, por isso, o Concílio de Trento expôs a defesa da dimensão objetiva da eficácia sacramental com as seguintes palavras: "Se alguém afirma que os sacramentos da Nova Lei não comunicam a graça, em virtude do rito ministrado (*ex opere operato*)⁷, mas que para se conseguir a graça basta a simples fé na promessa divina, que seja anátema! (DH⁸ 1608)" (Nocke, 2002, p. 187).

Nessa perspectiva de sistematização, a teologia escolástica também buscou explicitar a estrutura do sacramento e o efeito que ele produz. Para isso, distinguiram-se três níveis:

I. *sacramentum tantum* (puro sinal): um sinal sacramental exterior que pode ser notado por nossos sentidos (por exemplo: a água no batismo);
II. *res et sacramentum* (sinal e efeito simultaneamente): uma realidade que participa, de um lado, da dimensão sensível e, de outro, da dimensão invisível, pois já há presença da graça;
III. *res tantum* (puro efeito): uma realidade invisível, que é a graça.

Nesse sentido, a doutrina do *character indelebilis* (caráter indelével) esclarece que o batismo, a confirmação e a ordenação sacerdotal provocam no receptor um efeito permanente, um fato objetivo, que existe independentemente da santidade do receptor. Assim, esses sacramentos não podem ser repetidos na mesma pessoa.

Outra distinção importante proveniente da teologia escolástica é entre a **matéria** e a **forma** dos sacramentos. Para compreendê-la,

---

7   Convém esclarecer, conforme explica Nocke (2002, p. 184), que "a fórmula da Escolástica *ex opere operato* (pelo próprio fato de a ação ser realizada) quer deixar claro que nos sacramentos o sujeito da ação não é o ser humano, e, sim, Deus, respectivamente, Cristo", pois "o rito não é eficaz por si, e, sim, nele opera o agir de Cristo e de Deus".

8   A sigla DH refere-se ao *Manual dos símbolos, definições e declarações da Igreja em matéria de fé e costumes* (Denzinger, 1963), conhecido também por *Enchiridion symbolorum*, compilado originalmente por Heinrich Denzinger.

precisamos considerar a teoria aristotélica do **hilemorfismo** (*hyle* = matéria / *morphe* = forma), assumida, sobretudo, por Santo Tomás de Aquino. No hilemorfismo aristotélico, diferentemente do idealismo platônico, forma e matéria não são pares separáveis, mas constituintes de um todo que se condicionam mutuamente. Assim, esses conceitos mostram-se adequados para caracterizar o ato sacramental simbólico.

A teologia escolástica procurou encaixar os sete sacramentos nessa categoria, porém, nem todos eles puderam ser compreendidos pela concepção hilemórfica, uma vez que, em alguns sacramentos, esse procedimento era fácil, como no batismo: a matéria é a água e a forma é a fórmula batismal, ou seja, as palavras "Eu te batizo em nome do Pai, e do Filho e do Espírito Santo". Contudo, para outros sacramentos, como o da penitência, por exemplo, foi necessário fazer uma adaptação. Por não apresentar uma matéria, esse sacramento teve os atos do penitente (contrição, confissão e satisfação) chamados de *quase matéria*. Já a fórmula da absolvição é considerada sua forma.

Borobio (1990, p. 345, grifo do original) chama a atenção para outro ponto fundamental da teologia escolástica dos sacramentos, que diz respeito à sua instituição por Cristo.

> *Os escolásticos da Idade Média, preocupados em avaliar o conceito e em determinar o número dos sacramentos, não puderam deixar de questionar a sua instituição. O problema da instituição está ligado ao do número: os sacramentos são tais e em tal quantidade porque esses, e apenas esses, foram instituídos por Cristo. Embora a sua concepção seja mais "legalista" do que "mistérica", e embora o seu ponto de partida seja antes um conceito de Cristo como legislador do que como salvador, ninguém duvida de que os sacramentos procedem de Deus através de Cristo e de que apenas ele tem autoridade para instituí-los.*

Como podemos notar, a origem dos sacramentos em Cristo deve ser buscada nas Escrituras como fonte principal. Contudo, não encontramos nela uma afirmação explícita do desejo de Cristo de instituir os sacramentos ou uma exposição detalhada sobre eles. Há alguns textos que apresentam de maneira precisa e clara o batismo (Mateus, 28: 19; Atos, 1: 5; Romanos, 6: 4), a eucaristia (Mateus, 26: 17; João, 6: 22; Atos, 2: 42; I Coríntios, 10: 16-17) e a penitência (Mateus, 3: 2; Atos, 3: 19), mas isso não ocorre com relação aos demais sacramentos. E mais: Como demonstrar que Cristo determinou a matéria e a forma dos sacramentos e fixou seu número em sete?

Assim, durante vários séculos, a Igreja celebrou e refletiu sobre o que atualmente chamamos de *os sete sacramentos*, mas sem organizá-los de forma sistemática. Foi aproximadamente a partir do século XII que certos conceitos e características foram sendo incorporados nas reflexões sobre os sacramentos, como o fato de que eles foram instituídos por Cristo. No entanto, é preciso considerar que houve controvérsias.

Foi no Concílio de Trento que, respondendo às controvérsias surgidas no contexto da Reforma, defendeu-se que todos os sacramentos (e não apenas o batismo e a eucaristia) foram instituídos por Cristo e que eles são sete. Seguindo esse ensinamento, a teologia pós-tridentina (pós-Concílio de Trento) buscou responder de que maneira se deu essa instituição, uma vez que isso não foi explicitado no Concílio.

O Concílio Ecumênico de Florença (1438-1455), no decreto para os armênios, apresentou uma síntese dos aspectos da doutrina geral dos sacramentos analisada anteriormente. Conforme esclarece Nocke (2002, p. 185):

> *Há sete sacramentos da Nova Aliança: batismo, confirmação, eucaristia, penitência, unção dos enfermos, ordenação, matrimônio. Eles se*

distinguem muito dos sacramentos da Antiga Aliança. Pois estes não efetuavam a graça, mas apenas indicavam que um dia a graça seria dada pelo sofrimento de Cristo. Esses nossos sacramentos, porém, contêm a graça e a conferem àqueles que os recebem dignamente [...] Todos esses sacramentos são realizados em três partes: pela realização concreta como matéria, pelas palavras como forma, pela pessoa do ministrante, que administra o sacramento na intenção de fazer o que a Igreja faz. Faltando uma dessas três partes, o sacramento não é realizado. – Entre esses sacramentos temos três: batismo, confirmação e ordenação, que imprimem à alma um caráter[9], isto é, um sinal espiritual indelével, o que os distingue dos demais. Por isso não são repetidos na mesma pessoa. Os outros quatro sacramentos não imprimem um caráter e admitem repetição.

Não faltaram protestos dos reformadores em relação à doutrina escolástica dos sacramentos. O ponto mais criticado foi, sem dúvida, a fórmula *ex opere operato*, pois viam nela um automatismo sacramental vazio. Insistiam, dessa forma, na importância decisiva da graça de Deus aceita na fé e na instituição por Cristo, conforme atestado na Bíblia. Com isso, mantiveram coerência com os cinco princípios fundamentais da Reforma Protestante: *Sola Fide* (somente a fé), *Sola Scriptura* (somente a Escritura), *Solus Christus* (somente Cristo), *Sola Gratia* (somente a graça), *Soli deo Gloria* (glória somente a Deus). Nesse sentido, Lutero, em sua obra *De captivitate babylonica WA 6,501*, afirmou que: "Se quero falar de acordo com o costume da Escritura, não tenho mais que um sacramento e três sinais sacramentais" (Obras Selecionadas, v. 2, 349, citado por Nocke, 2002, p. 186).

---

9 As Escrituras, na verdade, não falam de *caráter*, embora usem os termos *selo* e *marca* para expressar a ação do Espírito Santo nos homens (II Coríntios, 1: 21-22; Efésios, 1: 13-14; 4: 30; Romanos, 4: 11).

Em resposta, o Concílio de Trento confirmou o número de sete sacramentos e rejeitou a ideia da igualdade dos sacramentos entre si. Também defendeu expressamente a fórmula *ex opere operato* e condenou aqueles que afirmavam que os sacramentos foram instituídos apenas para alimentar a fé.

Na teologia pós-tridentina, permaneceram os princípios da escolástica. Foi no século XX, com o movimento bíblico, que ocorreu uma redefinição radical na teologia dos sacramentos. "O movimento litúrgico redescobre, apoiado por uma nova consciência de Igreja, o fundamental caráter comunitário e a essencial sinalidade do sacramento" (Nocke, 2002, p. 189).

> *Os sacramentos nascem como uma manifestação de uma experiência simbolizada. Essa é a ótica pela qual a Igreja vê hoje os sacramentos. Não são os atos que fazem os sacramentos, mas sua dimensão sacramental, ou seja, seus sinais (Rocchetta, 1991).*

O Concílio Ecumênico Vaticano II, no documento *Sacrosanctum Concilium*[10]: constituição conciliar sobre a sagrada liturgia (CVII, 1963), chama a atenção para a participação ativa, plena e consciente dos fiéis na celebração comunitária. Com isso, a Igreja quer **superar o abismo criado entre o sacerdote e a comunidade**. Os textos lidos e as cerimônias realizadas precisam, na medida do possível, ser facilmente compreendidos. Também o movimento bíblico e um novo despertar pela patrística colaboram para buscar as fontes mais antigas da fé.

---

10   Os documentos da Igreja Católica recebem seu título com base em expressões do início do seu texto que são relevantes para a mensagem transmitida. Assim, *Sacrosanctum Concilium* ("O sagrado Concílio") é a expressão que inicia esse documento (CVII, 1963, n. 1).

Nesse contexto, convém destacar a **teologia dos mistérios**[11], que levou a uma mudança de visão na qual o **conceito de símbolo** se tornou fundamental na teologia dos sacramentos. Surgiu um conceito análogo ao sacramento, e, com base no diálogo ecumênico, a relação **palavra** e **sacramento** foi repensada na teologia católica. A doutrina dos sacramentos se entrosou cada vez mais com os demais temas teológicos específicos, como a eclesiologia, a cristologia, a antropologia teológica, entre outros.

Assim, é importante entendermos os sacramentos nessa perspectiva para não cairmos na dificuldade de vê-los simplesmente como atos. **Os sacramentos nascem como uma manifestação de uma experiência simbolizada.** Essa é a ótica pela qual a Igreja vê hoje os sacramentos. Não são os atos que fazem os sacramentos, mas sua dimensão sacramental, ou seja, seus sinais (Rocchetta, 1991). No próximo capítulo, ao tratarmos da celebração sacramental do mistério pascal, vamos abordar com maior fôlego o conceito de símbolo e a dimensão simbólica para a compreensão dos sacramentos.

Síntese

Neste capítulo, abordamos o conceito de sacramento, apresentando seus fundamentos bíblicos e a trajetória histórico-dogmática da teologia sacramental. Nossa intenção foi trazer elementos para uma compreensão da estrutura sacramental da fé.

---

11 Segundo Odo Casel (1886-1948), que desenvolveu a teologia a respeito dos padres ocidentais, o modelo de compreensão são os antigos cultos de mistérios pagãos, pois é na participação lúdica dos próprios mistérios, em sua forma dramático-teatral e no evento simbólico-cúltico, que o iniciado ganha simultaneamente parte na vida divina (Nocke, 2002).

Quanto ao conceito de sacramento, vimos que o termo *sacramento* (em latim) corresponde ao termo *mysterion* (em grego), cujo significado modificou-se sensivelmente ao longo da tradição cristã, desde a consideração bíblica e dos padres da Igreja até a definição bem mais restrita da escolástica.

Com relação aos fundamentos bíblicos, mais especificamente no Velho Testamento, destacamos que toda a história de Israel tem caráter simbólico. No Novo Testamento, o sinal inequívoco de Deus é Jesus Cristo, de modo que tudo o que ele diz e realiza manifesta seu mistério e, portanto, seus textos e ações são sacramentais.

No tocante à abordagem histórico-dogmática, evidenciamos a história dos conceitos de *mysterion* e sacramento e sua compreensão por parte dos padres gregos (que priorizam a compreensão do símbolo real) e dos latinos, principalmente Santo Agostinho (que enfatiza a compreensão dos sinais). Destacamos também a preocupação sistematizante da teologia escolástica, que, entre outras questões, apresentou a fórmula *ex opere operato* e a estrutura do sacramento, especificando matéria e forma.

Indicações culturais

Livro

RIBOLLA, J. **Os sacramentos trocados em miúdo**. 4. ed. Aparecida: Santuário, 1990.

Com uma linguagem popular, esse livro faz uma exposição clara dos sacramentos explicando com simplicidade questões fundamentais da teologia dos sacramentos. Considerando seu caráter didático, é uma obra indicada tanto para iniciantes em teologia como para cristãos engajados que desejam conhecer mais e exercer de forma cada vez melhor o seu mistério.

Site

SANTA SÉ. **Congregação para a Doutrina da Fé**. Disponível em: <http://www.vatican.va/roman_curia/congregations/cfaith/index_po.htm/>. Acesso em: 9 ago. 2016.

Na página da Congregação para a Doutrina da Fé, no *site* do Vaticano, você encontra importantes documentos, inclusive de matéria sacramental, para aprofundar o conteúdo estudado e ampliar o conhecimento sobre a temática.

Vídeo

CANÇÃO NOVA. **Os sete sacramentos da Igreja**. 2 mar. 2012. Disponível em: <https://www.youtube.com/watch?v=6y0QVHe38kQ>. Acesso em: 12 jan. 2017.

Nesse vídeo, o professor Felipe Aquino faz uma síntese explicando o que são e para que servem os sacramentos. Estes são apresentados como sete canais da graça instituídos pelo próprio Cristo para irrigar a Igreja com sua graça.

Atividades de autoavaliação

1. No que diz respeito ao conceito de sacramento, analise as afirmações a seguir e marque V para as verdadeiras e F para as falsas:
   ( ) Desde sua origem, o conceito de sacramento está relacionado ao termo grego *mysterion*.
   ( ) Santo Agostinho utilizava os termos *mysterion* do grego e *sacramentum* do latim como sinônimos.
   ( ) Desde sua origem apostólica, a Igreja conta com uma definição clara do termo aplicado aos sete sacramentos e seu significado.

( ) A escolástica procurou fazer uso da linguagem simbólica para definir uma teologia dos mistérios.

Agora, assinale a alternativa que apresenta a sequência correta:
a) V, V, F, F.
b) V, F, V, F.
c) F, V, F, V.
d) F, V, V, F.

2. Quanto ao significado da expressão *ex opere operato*, tal como definido pela teologia escolástica, é correto afirmar:
   a) Indica que os sacramentos são realizados pela santidade daquele que os confere ou recebe.
   b) Expressa que os sacramentos atuam pelo próprio fato de a ação sacramental ser realizada.
   c) Demonstra que o ministro ordenado pode decidir como realizar os sacramentos.
   d) Apresenta o poder simbólico presente nos sacramentos e em seus ministros.

3. No tocante aos fundamentos bíblicos da teologia dos sacramentos, analise as sentenças a seguir e marque V para as verdadeiras e F para as falsas:
   ( ) No Antigo Testamento, toda a história de Israel tem caráter simbólico e toda a terra criada pode ser entendida como sinal de Deus.
   ( ) Os gestos simbólicos dos profetas do Velho Testamento têm uma estrutura sacramental, pois são também atos eficientes.
   ( ) No Novo Testamento, o grande sinal de Deus é a multiplicação dos pães como prefiguração da eucaristia.
   ( ) Conforme o Novo Testamento, Jesus deixou indicadas a matéria e a forma de cada sacramento a ser ministrado.

Agora, assinale a alternativa que apresenta a sequência correta:
a) V, F, V, F.
b) F, V, F, V.
c) V, V, F, F.
d) F, F, V, V.

4. Sobre o significado da expressão *pensamento sacramental*, analise as afirmações a seguir e assinale a alternativa correta:
   a) Com ela, procura-se afirmar que a relação entre Deus e os homens acontece em encontros historicamente verificáveis.
   b) Ela expressa a necessidade de aprofundamento filosófico para que se possa compreender a teologia dos sacramentos.
   c) Ela demonstra a necessidade de concentração no momento em que se realiza a celebração de um sacramento.
   d) O pensamento sacramental designa a importância do pensamento humano como um espelho da atividade divina.

5. Com relação à chamada *teologia dos mistérios* e sua relevância para a teologia sacramental, analise as afirmações a seguir e marque V para as verdadeiras e F para as falsas:
   ( ) Teologia dos mistérios é o ramo da teologia que reconhece a impossibilidade de se compreender a revelação divina.
   ( ) A teologia dos mistérios fez com que os teólogos se distanciassem de conteúdos referentes aos sacramentos e suas implicações.
   ( ) A teologia dos mistérios proporcionou um repensar da teologia dos sacramentos por meio da valorização do conceito de símbolo.
   ( ) A teologia dos mistérios colaborou para que a teologia dos sacramentos fosse cada vez mais sintonizada com outros temas teológicos específicos.

Agora, assinale a alternativa que apresenta a sequência correta:

a) V, V, F, F.
b) F, F, V, V.
c) V, F, F, V.
d) F, V, V, F.

Atividades de aprendizagem

Questões para reflexão

1. Com base na leitura deste capítulo, responda: o que é sacramento?
2. Qual foi o principal objetivo da escolástica no que diz respeito à teologia dos sacramentos?
3. Os sacramentos têm fundamentação bíblica? Justifique sua resposta.

Atividade aplicada: prática

1. Converse com algumas pessoas da sua comunidade (de 3 a 5 pessoas) a respeito da compreensão que elas têm acerca dos sacramentos. Procure, sobretudo, perceber as razões pelas quais as pessoas desejam receber os sacramentos. Depois, relacione os resultados de sua pesquisa com o conteúdo estudado neste capítulo e elabore uma síntese para discussão e aprofundamento do tema.

capítulo dois

Economia sacramental[1]

1 Todas as passagens bíblicas utilizadas neste capítulo são citações da Bíblia de Jerusalém (2002). Os documentos da Igreja Católica que foram publicados pelo Concílio Ecumênico Vaticano II (1961-1965) são indicados pela sigla **CVII**. Na seção "Referências", esses documentos estão elencados sob a autoria de CVII – Concílio Ecumênico Vaticano II.

02

A expressão *economia sacramental* pode soar bastante estranha para nós, homens e mulheres do século XXI, sobretudo quando se tem pouco – ou mesmo nenhum – conhecimento da teologia cristã católica. No entanto, é justamente com esse título que o Catecismo da Igreja Católica inicia sua primeira seção, que trata da celebração do mistério cristão. Com a expressão *economia sacramental*, a tradição comum do Oriente e do Ocidente "consiste na comunicação (ou a 'dispensação') dos frutos do mistério pascal de Cristo na celebração da liturgia 'sacramental' da Igreja" (Santa Sé, 1992, n. 1076).

Seguindo a proposta catequética do texto oficial da Igreja, nosso objetivo neste capítulo é apresentar o mistério pascal de Cristo nos sacramentos da Igreja e sua celebração, destacando sua centralidade como ponto de partida de toda a teologia sacramental. Nessa perspectiva, procuramos também explicar o septenário sacramental, ou seja, por que temos sete sacramentos na Igreja.

2.1 O mistério pascal nos sacramentos da Igreja

O Catecismo da Igreja Católica (Santa Sé, 1992, n. 1113), citando a constituição conciliar *Sacrosanctum Concilium* (CVII, 1963, n. 6), é enfático ao destacar que: "Toda a vida litúrgica da Igreja gravita em torno do sacrifício eucarístico e dos sacramentos". Também esclarece que os mistérios da vida de Cristo são os fundamentos daquilo que agora, por meio dos ministros da Igreja, ele dispensa nos sacramentos, pois o que era visível em nosso Salvador passou para seus mistérios.

O axioma central do qual parte toda a teologia sacramental é o **mistério pascal de Cristo**. O "mistério de Deus [que é Cristo]" (Colossenses, 2: 2). Sobre essa base, o Concílio Ecumênico Vaticano II reformou completamente a doutrina dos sacramentos, afirmando claramente que há um só sacramento-fonte. Então, não podemos mais enxergar os sacramentos apenas como rituais que acompanham etapas da vida; precisamos, sim, compreender a dimensão sacramental da existência cristã. A grande intuição do Concílio Ecumênico Vaticano II foi perceber que não podemos considerar os sacramentos como atos que nos aproximam cada vez mais de Jesus, pois como podemos nos aproximar dele se ele já está em nós? Portanto, é preciso ver sob outra perspectiva os instrumentos que ele nos deixou.

Os sacramentos são canais pelos quais a graça de Deus é comunicada aos homens. Por meio dos sacramentos, Jesus continua presente no meio de nós de um jeito diferente. A Igreja, corpo místico de Cristo, casa do povo de Deus, continua a missão do salvador na história e, com a celebração dos sacramentos, realiza a ação salvadora e santificadora de Cristo.

No Novo Testamento, em Colossenses, 4: 2-3, encontramos a palavra *mistério* – que foi traduzida como "sacramento" (Nocke, 2002, p. 178) – aplicada a Cristo. Assim, **mistério também significa "Cristo"**; são palavras com sentidos análogos. Em Gálatas (2: 20), ao se referir a mistério, Paulo afirma: "já não sou eu que vivo, mas é Cristo que vive em mim".

Paulo fala de uma realidade, e não de seus atos – a vida que eu estou vivendo é Cristo que vive em mim. Os atos de Paulo correspondem ao mistério que está dentro dele. Em Colossenses (1: 24-26), por exemplo, o "mistério escondido" indica algo que sempre esteve presente ao longo dos tempos, escondido, mas que, em certo momento, foi revelado. As palavras e as ações de Jesus durante sua vida pública já eram salvíficas, antecipavam o poder de seu mistério pascal. Assim, Jesus utiliza o cotidiano para manifestar o mistério. Toda a estrutura sacramental é regida por essa realidade de mistério.

A presença da qual fala João, "E o Verbo se fez carne, e habitou entre nós" (João, 1: 14), apresenta Jesus imediatamente como sacramento do Pai. Para João, com Jesus, realiza-se definitivamente a presença de Javé entre seu povo. Jesus revela que Deus está presente, e, em Jesus, toda a pessoa tem livre acesso a Deus. Ele não se torna somente sinal da presença de Deus no mundo, mas também o **caminho que leva a Deus**.

> *"Não podemos mais enxergar os sacramentos apenas como rituais que acompanham etapas da vida; precisamos, sim, compreender a dimensão sacramental da existência cristã. A grande intuição do Concílio Ecumênico Vaticano II foi perceber que não podemos considerar os sacramentos como atos que nos aproximam cada vez mais de Jesus, pois como podemos nos aproximar dele se ele já está em nós? Portanto, é preciso ver sob outra perspectiva os instrumentos que ele nos deixou.*

Os padres da Igreja identificaram os sacramentos com o mistério da encarnação, pois, para eles, a celebração dos sacramentos é uma repetição da encarnação. Esta abriu a humanidade a uma nova perspectiva: em certo ponto, Deus penetrou na história do homem, transformando-a num evento salvífico.

No episódio da ressurreição e aparição a Maria (João 20: 11-18), João quer mostrar a dimensão sacramental que a Igreja viveria daquele momento em diante: a presença de Jesus ressuscitado. A ressurreição aconteceu no oitavo dia[2] e significa a dimensão misteriosa que a humanidade viveria a partir dela.

A intuição primordial da comunidade cristã é saber que, desde o início, a "mão do Senhor estava com eles" (Atos, 11: 21). Essa comunidade se compreende como lugar da presença do Senhor, presença do mistério, da mão do Senhor. A seguinte passagem de Atos refere-se à consciência de possuir um tesouro, algo que lhe é dado: o poder salvífico, com o qual Pedro se sente autorizado a curar, mas não por força própria, e sim em nome de Jesus:

> "Pedro, porém, fitando nele os olhos, junto com João, disse-lhe: 'Olha para nós!' Ele os olhava atentamente, esperando receber deles alguma coisa. Mas Pedro lhe disse: 'Nem ouro nem prata possuo. O que tenho, porém, isto te dou: em nome de Jesus Cristo, o Nazareu, põe-te a caminhar!'".
> (Atos, 3: 4-6)

---

2 "A Igreja, da tradição apostólica que tem sua origem no mesmo dia da ressurreição de Cristo, celebra o mistério pascal a cada oito dias, no dia que se chama com razão 'dia do Senhor' ou domingo. O dia da Ressurreição de Cristo é de uma vez o 'primeiro dia da semana', memorial do primeiro dia da criação, e o 'oitavo dia' em que Cristo, depois de seu 'repouso' do grande Sabbat, inaugura o Dia 'que faz o Senhor', o 'dia que não conhece o caso'. O 'banquete do Senhor' é seu centro, porque é aqui onde toda a comunidade dos fiéis encontra o Senhor ressuscitado que os convida a seu banquete... Para os cristãos deve ser o primeiro de todos os dias, a primeira de todas as festas, o dia do Senhor" (ACI Digital, 2017).

Conforme Atos (4: 18-19, 30-31), tudo o que a Igreja faz é por ter consciência de sua relação com o mistério de Cristo, ou seja, a consciência de que ela é o corpo místico de Cristo.

Assim como Cristo foi enviado pelo Pai, assim também Ele enviou os Apóstolos, cheios do Espírito Santo, não só para que, pregando o Evangelho a toda a criatura, anunciassem que o Filho de Deus, pela sua morte e ressurreição, nos libertara do poder de Satanás e da morte e nos introduzira no Reino do Pai, mas também para que realizassem a obra de salvação que anunciavam, mediante o sacrifício e os sacramentos, à volta dos quais gira toda a vida litúrgica. Pelo Batismo são os homens enxertados no mistério pascal de Cristo: mortos com Ele, sepultados com Ele, com Ele ressuscitados; recebem o espírito de adoção filial que "nos faz clamar: Abba, Pai" [Romanos, 8: 15], transformando-se assim nos verdadeiros adoradores que o Pai procura. E sempre que comem a Ceia do Senhor, anunciam igualmente a sua morte até Ele vir. Por isso foram batizados no próprio dia de Pentecostes, em que a Igreja se manifestou ao mundo, os que receberam a palavra de Pedro. E "mantinham-se fiéis à doutrina dos Apóstolos, à participação na fração do pão e nas orações [...] louvando a Deus e sendo bem vistos pelo povo" (Atos, 2: 41-47). Desde então, nunca mais a Igreja deixou de se reunir em assembleia para celebrar o mistério pascal: lendo "o que se referia a Ele em todas as Escrituras" (Lucas, 24: 27), celebrando a Eucaristia, na qual "se torna presente o triunfo e a vitória da sua morte", e dando graças a Deus pelo Seu dom inefável" (II Coríntios, 9: 15) em Cristo Jesus, "para louvor da sua glória (Efésios, 1: 12), pela virtude do Espírito Santo. (CVII, 1363, n. 6)

Nesse sentido, também o Catecismo da Igreja Católica (Santa Sé, 1992, n. 1116) expressa que, como "forças que saem do corpo de Cristo, sempre vivo e vivificante: as ações do Espírito Santo que opera no seu corpo que é a Igreja, os sacramentos são 'as obras primas de Deus' na nova e eterna aliança". E os sacramentos são da Igreja em duplo sentido: eles existem **por meio** dela e **para** ela. A Igreja é ela própria o sacramento da ação de Cristo graças à missão do Espírito Santo e "são estes sacramentos que fazem a Igreja, porque manifestam e comunicam aos homens, sobretudo na Eucaristia, o mistério da comunhão do Deus-Amor, um em três pessoas" (Santa Sé, 1992, n. 1118).

A Igreja é chamada de *sacramento universal de salvação*, sinal--sacramento do mistério de Cristo, pois ela é o Cristo (o único e grande sacramento) continuado na história: é ela que continua a presença do Cristo-sacramento na história. Como sinal da realização do Reino de Deus, a Igreja se apresenta como mistério, a realidade da **unidade na multiplicidade**. Ela é sinal da realidade do Cristo salvador, Deus e homem e de sua presença divino-humana no mundo. Ela é também o sacramento de comunhão entre Deus e os homens e entre estes consigo mesmo, o que a faz ser uma comunidade, Igreja-comunhão: o povo de Deus, cuja principal característica é o serviço (Ribolla, 1990).

O Catecismo da Igreja Católica (Santa Sé, 1992, n. 1123), em conformidade com a constituição conciliar *Sacrosanctum Concilium* (CVII, 1963, n. 59), expressa que os sacramentos são chamados *sacramentos da fé* porque eles não apenas supõem a fé, mas também a alimentam, fortalecem-na e a exprimem por palavras e coisas que se destinam à santificação dos homens, à edificação do corpo de Cristo e, ainda, ao culto a ser prestado a Deus. Quando a Igreja celebra os sacramentos, ela confessa a fé recebida dos apóstolos e a traduz na profissão de fé expressa em sua oração.

Ainda de acordo com o Catecismo da Igreja Católica (Santa Sé, 1992), os sacramentos são eficazes porque neles age o próprio Cristo para comunicar a graça significada no sacramento. Dessa maneira, não dependem da santidade de quem os confere ou recebe, pois atuam em virtude da obra salvífica de Cristo. Por isso, eles são os sacramentos da salvação e da vida eterna, pois, por eles, a Igreja já participa da vida eterna.

Conforme a síntese de Santo Tomás de Aquino (citado por Santa Sé, 1992, n. 1130), "o sacramento é sinal rememorativo daquilo que o precedeu, ou seja, da paixão de Cristo; e demonstrativo daquilo que em nós a paixão de Cristo realiza, ou seja, da graça; e prognóstico, quer dizer, que anuncia de antemão a glória futura".

2.2 A celebração sacramental do mistério pascal

Não é possível falar de *sacramentos* sem falar de *liturgia*, pois, como afirmamos anteriormente, toda a vida litúrgica da Igreja gravita em torno do sacrifício eucarístico e dos sacramentos (Santa Sé, 1992). Mediante o poder do Espírito Santo, o mistério de Cristo se torna presente na liturgia, por isso sua obra é sacramental. A Igreja é corpo de Cristo, sacramento universal da salvação. Nela, o Espírito Santo dispensa o mistério da salvação.

A palavra *liturgia* vem do grego (*leitos*, de *laós* = povo e *ergon* = ação, obra) e define uma ação, um serviço realizado em favor do povo, da comunidade. O documento do Concílio Ecumênico Vaticano II sobre liturgia, o *Sacrosanctum Concilium* (CVII, 1963, n. 7), afirma:

> Com razão se considera a Liturgia como o exercício da função sacerdotal de Cristo. Nela, os sinais sensíveis significam e, cada um à sua maneira, realizam a santificação dos homens; nela, o Corpo Místico de Jesus Cristo – cabeça e membros – presta a Deus o culto público integral. Portanto,

qualquer celebração litúrgica é, por ser obra de Cristo sacerdote e do seu Corpo que é a Igreja, ação sagrada par [sic] excelência, cuja eficácia, com o mesmo título e no mesmo grau, não é igualada por nenhuma outra ação da Igreja.

Por essas considerações do *Sacrosanctum Concilium* (CVII, 1963), podemos compreender que **a liturgia é um acontecimento sagrado**. Ela é uma atualização, a memória de um acontecimento, o mistério pascal de Cristo. Nos sacramentos e, especialmente, na celebração eucarística, comemora-se e atualiza-se o mistério da redenção realizada pela morte e ressurreição de Cristo.

Nessa perspectiva, Nocke (2002, p. 197) afirma:

Sacramentos são celebrações da Igreja. Neles se constitui comunidade: como reunião em nome de Cristo, como comunhão comemorativa presentificadora e comunhão da esperança antecipadora do futuro, como povo de Deus que anuncia o Evangelho e representa a nova vida simbolicamente. No entanto, a Igreja não celebra a si mesma, e sim, a história à qual ela se deve, e a esperança que a move.

Realizada por meio de palavras, gestos e ritos, a liturgia traduz o plano de Deus aos homens por meio de sinais exteriores. Ela é, assim, uma comunicação dos homens com Deus e de Deus com os homens. Dessa forma, os atos realizados precisam fazer sentido e ser compreendidos por seus participantes. Então, as mudanças na prática litúrgica proporcionadas pelo Concílio Ecumênico Vaticano II foram fundamentais e coerentes com a própria natureza da liturgia.

Nesse sentido, a liturgia precisa "descer" com suas palavras e gestos para que a mensagem seja entendida pelos participantes e para que eles compreendam o que se diz a Deus com o louvor. De outra maneira, a ação litúrgica torna-se mera repetição mecânica, vazia e sem sentido.

Nessa perspectiva, a constituição conciliar *Sacrosanctum Concilium* (CVII, 1963, n. 14) chama a atenção para que a participação dos fiéis nas celebrações litúrgicas seja ativa, plena e consciente, uma vez que essa é uma exigência da própria natureza da liturgia, à qual o povo cristão tem direito e obrigação. Conforme o Catecismo da Igreja Católica (Santa Sé, 1992, n. 1144), "na celebração dos sacramentos, a assembleia é 'liturga', cada qual segundo a sua função, mas na 'unidade do Espírito' que age em todos".

Realizada por meio de palavras, gestos e ritos, a liturgia traduz o plano de Deus aos homens por meio de sinais exteriores. Ela é, assim, uma comunicação dos homens com Deus e de Deus com os homens. Dessa forma, os atos realizados precisam fazer sentido e ser compreendidos por seus participantes.

Como podemos notar, o conceito de celebração é também fundamental para a compreensão das ações litúrgicas e, particularmente, dos sacramentos. Vejamos como Nocke (2002, p. 197) o explicita:

> "Celebração" (celebratio, celebrare) é um conceito básico da constituição de liturgia do Concílio Vaticano II. As ações litúrgicas não são ações privadas, mas celebrações da Igreja. [...] Assim, é toda a comunidade, o corpo de Cristo unido à sua Cabeça, que celebra, pois, as ações litúrgicas não são ações privadas, mas celebrações da Igreja, que é o sacramento da unidade.

Com base na categoria *celebração*, Nocke (2002) cita várias características que são associadas aos sacramentos, as quais apresentamos em síntese a seguir.

- Primeiramente, os sacramentos são **atos de comunhão**, pois nenhum sacramento está destinado a ser celebrado por uma única pessoa.

- Essa **comunhão** (não um indivíduo) também é **sujeito da celebração** sacramental. A assembleia inteira é liturga, e sua participação precisa ser ativa, plena e consciente.
- Toda celebração **vive de uma esperança**, cuja realidade esperada é antecipada na celebração. Sem essa esperança, a celebração se tornaria uma supressão anestesiante da realidade.
- A **relevância da prática do sacramento** é demostrada, pois, como festa e celebração. O sacramento não deve desviar do engajamento prático, mas lembrar o seu sentido e a esperança a ele associada.
- Os **sacramentos não podem perfazer o todo da existência cristã**, pois dela fazem parte também a **proclamação** e a **diaconia** (serviço ao povo), que são representadas simbolicamente nos sacramentos. Contudo, não se realizando tal prática, o sinal torna-se vazio.
- A celebração tomada como ponto de partida sugere uma **contemplação holística do sacramento**. É preciso considerar a celebração como um todo, e não reduzi-la a um único fator causador de tudo o que é essencial (exigir, por exemplo, uma quantidade mínima de palavras da instituição para que a missa seja válida).

....

Considerando essas características elencadas, percebemos a importância de uma adequada compreensão dos sacramentos que celebramos. Uma celebração sacramental é tecida de sinais e símbolos que precisam ser compreendidos; sem essa compreensão, corremos o risco de cair em um ritualismo totalmente sem sentido.

Segundo o Catecismo da Igreja Católica (Santa Sé, 1992, n. 1145), o significado desses sinais e símbolos tem suas raízes na obra da criação e na cultura humana. Manifestando-se nos eventos da Antiga Aliança, eles se revelam plenamente na pessoa e na obra de Cristo.

> *Os símbolos fazem parte do cotidiano do ser humano, que é um ser simbólico. Assim, os sacramentos, como encontros marcados com Cristo para nos comunicar sua graça, realizam-se numa perspectiva simbólica. Contudo, não se trata de meras representações, pois, na ação litúrgica sacramental, a graça é comunicada.*

Um sinal tem sempre a função de indicar outra realidade. Fumaça, por exemplo, faz logo pensar no fogo; a bandeira nacional lembra a pátria. Mas a grande diferença entre esses sinais e os sacramentos é que os primeiros **não produzem** aquilo que significam e simbolizam. A bandeira nacional, por exemplo, não produz a pátria. Nos sacramentos, por outro lado, Cristo torna-se presente. Assim, a realidade que eles lembram – ou seja, a graça – é reproduzida. Por isso, os sacramentos são considerados sinais sensíveis e eficazes. São sensíveis porque nós os percebemos, e eficazes porque produzem, efetuam aquilo que indicam e simbolizam.

Do ponto de vista antropológico, podemos ter uma compreensão inicial do símbolo na teologia dos sacramentos. O ser humano tem uma estrutura corpo-espírito e se realiza na expressão corporal. Sorri para demonstrar alegria, chora para expressar tristeza, comunica-se com os outros por meio de gestos e sons. O aperto de mãos indica aproximação, enquanto desviar o olhar pode demonstrar rejeição. "Nesses símbolos a aproximação e a rejeição não são apenas sinalizadas, e sim, também realizadas, não apenas reconhecidas, e, sim, também, experimentadas." (Nocke, 2002, p. 191).

Os símbolos fazem parte do cotidiano do ser humano, que é um ser simbólico. Assim, os sacramentos, como encontros marcados com Cristo para nos comunicar sua graça, realizam-se numa perspectiva simbólica. Contudo, não se trata de meras representações, pois, na ação litúrgica sacramental, a graça é comunicada. Nesse sentido, para a compreensão dos símbolos e dos sacramentos, é importante a distinção entre **símbolo representativo** (sinal meramente informativo) – como um sinal de trânsito, que apenas informa – e **símbolo real** (sinal realizador), que não apenas informa um fato, mas o realiza. Assim, em um beijo, por exemplo, o amor se realiza. No entanto, o sinal exterior não substitui o engajamento interior. Para que um beijo realize o amor, existe todo um envolvimento anterior. Então, mesmo de modo rudimentar, a realidade sinalizada precisa ser anteriormente dada. Os sacramentos, nesse sentido, podem ser entendidos como símbolos reais, sinais realizadores: eles realizam e concretizam a realidade simbólica da Igreja (Nocke, 2002).

Por esse entendimento, na eucaristia, por exemplo, o mistério pascal de Cristo não é apenas representando, mas realizado. A comunhão com Cristo e com os demais é realizada, aprofundada e renovada. Desse modo, é preciso também entender os sacramentos mediante Deus, que se incorpora dentro da humanidade.

Como podemos notar, sinais e símbolos são elementos fundamentais na teologia dos sacramentos. De acordo com Nocke (2002), o pensamento em símbolos poderia ter, para a teologia atual, uma função-chave, semelhante à do pensamento das causas para a doutrina escolástica dos sacramentos na alta Idade Média, com orientação aristotélica.

Sinais e símbolos fazem parte da pedagogia divina da salvação. Deus quer comunicar sua graça e faz isso de uma maneira pedagógica, por meio de sinais e símbolos que são muito importantes na vida humana. Cristo é o grande sinal, o sacramento do Pai, o sacramento original. A partir dele, também a Igreja, que continua sua missão na história, pode ser chamada de *sacramento*. Ela é o sacramento de Cristo, mas de modo análogo, pois Cristo está repleto do Pai, enquanto a Igreja é uma mistura de graça e pecado. Ela é o sacramento fundamental, e os sete sacramentos são, assim, suas sete expressões pedagógicas, celebrações da Igreja, manifestações de sua existência.

Nesse sentido, a constituição dogmática do Concílio Ecumênico Vaticano II sobre a Igreja, *Lumen Gentium* (A luz dos povos) (CVII, 1965c, n. 1, grifo nosso), que tem como objeto a Igreja como sacramento, logo no início afirma:

> *A luz dos povos é Cristo: por isso, este sagrado Concílio, reunido no Espírito Santo, deseja ardentemente iluminar com a Sua luz, que resplandece no rosto da Igreja, todos os homens, anunciando o Evangelho a toda a criatura (cfr. Mc., 16, 15). Mas porque* **a Igreja, em Cristo***, é como que o* **sacramento, ou sinal***, e o instrumento da íntima união com Deus e da unidade de todo o gênero humano, pretende ela, na sequência dos anteriores Concílios, pôr de manifesto com maior insistência, aos fiéis e a todo o mundo, a sua natureza e missão universal. E as condições do nosso tempo tornam ainda mais urgentes este dever da Igreja, para que deste modo os homens todos, hoje mais estreitamente ligados uns aos outros, pelos diversos laços sociais, técnicos e culturais, alcancem também a plena unidade em Cristo.*

Na sequência, o mesmo documento introduz o conceito de Igreja como **povo de Deus** (I Pedro, 2: 9-10) e o relaciona a Israel, que, segundo a carne, já era chamado *Igreja de Deus* (Esdras, 13: 1; Números, 20: 4; Deuteronômio, 23: 1). Com a Igreja, o novo Israel, que Cristo adquiriu com o seu próprio sangue (Atos, 20: 28), chama-se também *Igreja de Cristo* (Mateus, 16: 18) (CVII, 1965c, n. 9).

Dessa maneira, temos o que, na teologia católica, é chamado de *conceito analógico de sacramento*. Contudo, ao chamar a Igreja de *mistério* ou *sacramento* em analogia a Cristo, não se pretende expressar a ideia de igualdade ou identidade, e sim semelhança em maior simultânea dessemelhança (DH 806). Enquanto Cristo está inteiramente cheio do Pai, a Igreja é mistura de graça e pecado. É nesse sentido que a constituição dogmática Lumen Gentium n. 48 (CVII, 1965c) fala em "santidade imperfeita" da Igreja[3] (Nocke, 2002).

Outro aspecto fundamental e que não podemos deixar de mencionar diz respeito à **compreensão dos sacramentos com base numa teologia da palavra**. A Palavra de Deus é palavra criadora (Gênesis, 1: 3-6). Assim como no sacramento, de acordo com a tradição católica, é realizado o que indica, também a Palavra de Deus cria nova realidade (Isaías, 55: 10-13).

Da mesma forma, a pregação do Evangelho não é apenas o anúncio de uma boa-nova. O que se anuncia é realizado; o que é proclamado é realizado. Conforme João (1: 1-14), a palavra se fez carne e habitou entre nós. E as palavras e os gestos de Jesus curam, transformam as pessoas (João, 9: 6; 15: 3). Assim, "a partir da Escritura, palavra e sacramento devem ser vistos numa inter-relação muito estreita" (Nocke, 2002, p. 193-194).

Santo Agostinho já havia reconhecido a primazia da palavra definindo o sacramento como ***palavra visível***. Contudo, na

---

3 "Já chegou, pois, a nós, a plenitude dos tempos (cfr. 1 Cor. 10,11), a restauração do mundo foi já realizada irrevogavelmente e, de certo modo, encontra-se já antecipada neste mundo: com efeito, ainda aqui na terra, a Igreja está aureolada de verdadeira, embora imperfeita, santidade. Enquanto não se estabelecem os novos céus e a nova terra em que habita a justiça (cfr. 2 Ped. 3,13), a Igreja peregrina, nos seus sacramentos e nas suas instituições, que pertencem à presente ordem temporal, leva a imagem passageira deste mundo e vive no meio das criaturas que gemem e sofrem as dores de parto, esperando a manifestação dos filhos de Deus (cfr. Rom. 8, 19-22)" (CVII, 1965c, n. 48).

escolástica, apesar da valorização da palavra como elemento essencial do sacramento, não foi elaborada uma teologia da palavra. Isso conduziu a uma compreensão redutora e já superada, ao menos no plano teórico, de que a Igreja Evangélica seria a Igreja da palavra, enquanto a Igreja Católica seria a Igreja dos sacramentos.

Nesse sentido, os documentos do Concílio Ecumênico Vaticano II marcam uma nítida reorientação, enfatizando a presença de Cristo em sua palavra, bem como seu poder e sua eficácia. Desse modo, "a teologia dos sacramentos pode basear-se tanto na palavra quanto no símbolo. Ambos são princípios conciliáveis sem contradições." (Nocke, 2002, p. 195).

2.3 Os sete sacramentos da Igreja

Por que, afinal, os sacramentos são sete? O que justifica a determinação do número sete para os sacramentos (septenário sacramental)?

Como mencionamos, o número dos sacramentos mudou no decorrer da história e não há uma justificativa bíblica para a determinação desse número em sete. Ocorreu que, aos poucos, ao longo da história, foram acrescentados outros sinais sacramentais ao batismo e à eucaristia (testemunhados na Bíblia), ampliando o número dos sacramentos.

O Concílio de Trento, diante das controvérsias colocadas pelos reformadores, confirmou que são somente sete os sacramentos e condenou a opinião de quem afirmava haver mais ou menos do que isso. "Batismo, confirmação, eucaristia, penitência, extrema-unção, ordem e matrimônio" são "instituídos por nosso Senhor" (Denzinger, citado por Nocke, 2002, p. 187). Apesar de podermos encontrar uma explicação para esse fato na função antropológica da administração dos sacramentos pela Igreja, a pesquisa histórica não traz respostas sobre essa organização.

De acordo com a exposição de Ganoczy (1988, p. 50, grifo nosso):

> Quanto ao número sete em si, talvez tenha razões muito diferentes fundadas na história da cultura. Estudiosos da matéria são de opinião de que esse número se tenha imposto por causa de seu sentido místico. Não só filósofos pré-cristãos e o judeu platônico Filo, mas também Santo Agostinho, atribuem ao número sete o sentido da **totalidade**, da **universalidade** e **globalidade**. Como soma de três, símbolo do divino, e de quatro, símbolo da perfeição cósmica, o número sete apresentava-se como uma realidade santa, mística. Para certos teólogos da Idade Média era a coisa mais evidente que também os ritos, através dos quais se realiza a grande comunicação entre Deus e o homem no culto cristão, tinham de se estruturar segundo o modelo septenário.

Da citação que você acabou de ler, convém esclarecer os sentidos de *globalidade*, *totalidade* e *universalidade* do número sete, apontados pelo autor. O número sete representa a soma do número três, que é símbolo do divino (Pai, Filho e Espírito Santo), e do número quatro, que simboliza a perfeição cósmica (terra, água, ar e fogo).

Hoje, em conformidade com a teologia dos sacramentos que incorpora elementos de cristologia, eclesiologia, antropologia teológica, entre outros temas específicos, compreendem-se como fundamentos da diversidade sacramental – e, portanto, do septenário sacramental – os princípios cristológico, eclesiológico e antropológico.

- **Cristológico** – Os atos e as palavras de Cristo são os fundamentos dos sacramentos.
- **Eclesiológico** – A Igreja prolonga a obra salvadora de Cristo e realiza essa missão assumindo e santificando as diversas situações do mundo e da vida humana.
- **Antropológico** – O homem vê as diversas situações de sua vida marcadas pela presença de Deus, como o nascimento, marcado pelo batismo, e a enfermidade, marcada pela unção dos enfermos.

O Catecismo da Igreja Católica menciona que os sete sacramentos atingem todas as etapas e os momentos importantes da vida do cristão. E, mesmo reconhecendo a possibilidade de outras classificações possíveis, o catecismo adota uma que permite a percepção de que os sacramentos "formam um organismo, no qual cada sacramento particular tem o seu lugar vital" (Santa Sé, 1992, n. 1211). A eucaristia ocupa nesse organismo um lugar único como o sacramento dos sacramentos, e os demais estão ordenados a ela como a seu fim.

Síntese

Neste capítulo, abordamos a economia sacramental, focalizando o mistério pascal nos sacramentos da Igreja e sua celebração. Ficou evidente que os mistérios da vida de Cristo são os fundamentos dos sacramentos, que, por meio da Igreja, e para ela, comunicam aos homens o mistério da comunhão do Deus-amor Uno e Trino. Por isso, eles são os sacramentos de Cristo, da Igreja, da fé, da salvação e da vida eterna.

No que diz respeito à celebração sacramental do mistério pascal, salientamos a importância da liturgia e sua relação com a temática dos sacramentos. Assim, os sacramentos são celebrações da Igreja, ou seja, suas manifestações litúrgicas centrais. Demos destaque, assim, ao conceito de símbolo e sua relevância para a teologia dos sacramentos.

Com base, sobretudo, no que afirmam alguns documentos eclesiásticos, evidenciamos a relação intrínseca entre a Igreja e os sacramentos e apresentamos o conceito análogo de sacramento oriundo de Cristo, o sacramento original, salientando também o caráter histórico da definição do septenário sacramental.

Indicações culturais

Livros

DENZINGER, E. **Manual de los símbolos, definiciones y declaraciones de la Iglesia em matéria de fe y costumbres.** Versión directa de los textos originales por Daniel Ruiz Bueno. Barcelona: Editorial Herder, 1963. Disponível em: <http://www.sacerdotesoperarios.org/libros/denzinger.pdf>. Acesso em: 18 nov. 2016.

Mais conhecida como *Denzinger*, essa coletânea de símbolos, definições e declarações da Igreja em matéria de fé e costumes foi compilada originalmente por Heinrich Denzinger, teólogo católico do século XIX. O *link* indicado traz, em pdf, uma versão em espanhol do livro (por isso, na indicação acima, o nome do autor se inicia com "E", de *Enrique*, versão em espanhol de *Heinrich*).

No Brasil, há à venda uma edição bilíngue (latim/português) com 1.468 páginas que reúne documentos dos mais de vinte séculos do cristianismo. Um texto fundamental para estudantes de teologia, a obra possibilita o aprofundamento da compreensão histórica das questões da fé católica.

SANTA SÉ. **Documentos do Concílio Vaticano II.** Disponível em: <http://www.vatican.va/archive/hist_councils/ii_vatican_council/index_po.htm>. Acesso em: 9 ago. 2016.

A leitura dos documentos do Concílio Vaticano II é fundamental para estudantes de teologia e demais interessados que desejam expandir seus conhecimentos sobre a doutrina católica. Para aprofundamento dos temas abordados neste capítulo, indicamos especialmente a leitura das constituições *Sacrosanctum Concilium* (CVII, 1963), sobre a liturgia, e *Lumen Gentium* (CVII, 1965c), sobre a Igreja.

No *site* da Santa Sé, encontramos as versões completas dos textos em diversas línguas, inclusive português.

TABORDA, F. **Sacramentos, práxis e festa:** para uma teologia latino-americana dos sacramentos. Petrópolis: Vozes, 1987.

Nessa obra, por meio de duas categorias-chave – práxis e festa –, Francisco Taborda apresenta a relação essencial entre os sacramentos e a vida cristã cotidiana, enfatizando a dimensão eclesiológica dos sacramentos. A proposta da obra é fazer uma releitura da teologia dos sacramentos à luz de um cristianismo que encontra sua identidade na práxis histórica libertadora.

Atividades de autoavaliação

1. Com relação ao significado da expressão *economia sacramental*, analise as proposições a seguir:
    1) Indica a relação intrínseca que existe entre a Igreja Católica e a economia no mundo contemporâneo.

II) Expressa a comunicação dos frutos do mistério pascal de Cristo na celebração da liturgia sacramental da Igreja.

III) Demonstra a organização hierárquica da Igreja, que sempre esteve relacionada com questões políticas e econômicas.

IV) É utilizada pelo Catecismo da Igreja Católica (Santa Sé, 1992) na parte que trata da celebração do mistério cristão.

Estão corretas apenas as proposições:

a) I e II.
b) II e III.
c) III e IV.
d) II e IV.

2. No que diz respeito à celebração sacramental do mistério pascal, assinale a alternativa correta:
   a) A liturgia designa os gestos realizados durante a celebração de um sacramento específico.
   b) O ponto de partida de toda a teologia sacramental é o mistério de Cristo celebrado na liturgia da Igreja.
   c) A celebração sacramental tem como objetivo principal recordar a história da Igreja e sua missão.
   d) Celebrar um sacramento significa fazer uma promessa a Deus utilizando as palavras dos rituais da Igreja.

3. Com relação ao conceito de símbolo no contexto da teologia dos sacramentos, analise as proposições a seguir e marque V para as verdadeiras e F para as falsas:
   ( ) O conceito de *símbolo* remete à esfera mágica, esotérica, razão por que ele é apropriado para expressar o significado dos sacramentos.
   ( ) Do ponto de vista antropológico, pode-se ter uma compreensão inicial do símbolo na teologia dos sacramentos.

( ) Os sacramentos, como celebrações da vida da Igreja, podem ser considerados símbolos reais, sinais realizadores.

( ) Na teologia dos sacramentos atual, o conceito de símbolo foi substituído pelo de celebração.

Agora, assinale a alternativa que apresenta a sequência correta:

a) V, V, F, F.
b) F, F, V, V.
c) F, V, V, F.
d) V, F, F, V.

4. Quanto à definição do septenário sacramental, assinale a alternativa correta:

   a) O fundamento principal para a definição da quantidade dos sacramentos está na Bíblia, no livro dos Números.
   b) Jesus afirmou expressamente que os sacramentos deveriam ser sete, pois esse número indica a perfeição.
   c) As razões para determinar o número dos sacramentos em sete devem ser buscadas, sobretudo, no processo histórico da tradição da Igreja.
   d) O Concílio de Calcedônia determinou que o número dos sacramentos deveria passar de cinco para sete.

5. Considerando a categoria de celebração e tendo como base as características que podem ser acrescentadas aos sacramentos, analise as proposições a seguir.

   i) Os sacramentos são mais bem celebrados individualmente.
   ii) Toda celebração vive de uma esperança que é nela antecipada.
   iii) Os sacramentos perfazem o todo da existência cristã.
   iv) Os sacramentos são atos de comunhão.

Estão corretas apenas as proposições:

a) I e II.
b) II e III.
c) II e IV.
d) III e IV.

Atividades de aprendizagem

Questões para reflexão

1. O que significa dizer que os sacramentos são os sacramentos da fé?
2. Com base no estudo realizado neste capítulo, explique o que vem a ser o conceito analógico de sacramento.
3. Por que o conceito de símbolo é importante na teologia dos sacramentos?

Atividade aplicada: prática

1. Faça a leitura completa dos textos bíblicos relacionados à teologia dos sacramentos indicados neste capítulo e elabore uma síntese. Depois, compartilhe o conteúdo do estudo com alguns colegas em uma sala de aula ou em um fórum.

capítulo três

Sacramentos da iniciação cristã[1]

1 Todas as passagens bíblicas utilizadas neste capítulo são citações da Bíblia de Jerusalém (2002). Os documentos da Igreja Católica que foram publicados pelo Concílio Ecumênico Vaticano II (1961-1965) são indicados pela sigla **CVII**. Na seção "Referências", esses documentos estão elencados sob a autoria de CVII – Concílio Ecumênico Vaticano II.

03

Os sacramentos da iniciação cristã são o batismo, a eucaristia e o crisma. Os três sacramentos são apresentados no contexto bíblico, no caminho histórico e teológico de desenvolvimento dos aspectos pertinentes ao sacramento e na reflexão sobre o significado e a vivência dos sacramentos da iniciação cristã perante os desafios teológicos e pastorais da atualidade.

Sobre o batismo, apresentamos as fundamentações bíblicas do Antigo e do Novo Testamento, o batismo de Cristo e o batismo na história da Igreja, com destaque ao batismo realizado pela Igreja oficializada pelo Império Romano. Abordamos também o batismo no contexto medieval, sob o período escolástico e da Reforma Protestante, o batismo de crianças e adultos e a mistagogia da celebração do batismo.

A respeito do sacramento da eucaristia, abordamos os seguintes temas: o significado do comer e do beber e da ceia em Israel, o desenvolvimento teológico do sentido da eucaristia através da história da Igreja e o significado da eucaristia para a vivência da fé e da vida sacramental da Igreja hoje.

Por fim, refletimos sobre o sacramento do crisma com base naquilo que a Bíblia ensina, na compreensão histórica da teologia do sacramento e na presente vivência do crisma em tempos atuais nas comunidades cristãs católicas.

3.1 O sacramento do batismo

Sob a graça de Jesus Cristo, a pessoa renasce pelo batismo, é fortalecida na fé cristã pelo crisma (confirmação) e alimenta-se com a eucaristia na caminhada da vida diária para a eternidade. O batismo é o **fundamento** da vida do cristão: por meio dele, a pessoa abre sua vida à ação do Espírito Santo e tem, assim, acesso aos outros sacramentos. O batismo **liberta** o ser humano do pecado, **regenera-o** como filho de Deus, **liga-o** a Jesus Cristo, **insere-o** na Igreja e faz com que ele seja **parte** da missão da Igreja no mundo. A ação espiritual da água e da palavra reconduz o fiel ao caminho da vida e o aproxima de Deus. Sob a análise da história das religiões, o batismo está inserido no contexto dos **ritos de iniciação**.

O batismo tem esse nome em razão da origem grega do termo, *baptízein*, que significa "mergulhar", "imergir". Simbolicamente, mergulhar na água é ser sepultado com Cristo e ressuscitar com ele, tornar-se uma nova criatura (II Coríntios, 5: 17; Gálatas, 6: 15). É a ação que regenera e renova pela ação do Espírito Santo, é o nascimento para entrar no Reino dos Céus (João, 3: 5). O batismo ilumina, pois a pessoa recebe Cristo, "A luz verdadeira que ilumina todo homem" (João, 1: 9). Uma vez iluminada, a pessoa se torna um filho da luz[2] (Efésios, 5: 8).

3.1.1 O batismo e o Antigo Testamento

Para refletirmos sobre o batismo na economia da salvação, os fundamentos bíblicos são essenciais. A água como elemento do batismo está presente tanto na simbologia bíblica do Primeiro Testamento (Antigo ou Velho) quanto na origem do mundo, quando o Espírito de Deus estava sob as águas (Gênesis, 1: 2). Quando aparecem aqueles que foram salvos das águas do dilúvio pela arca de Noé, temos a água[3] destruindo a maldade e os que nela permanecem. Na travessia do Mar Vermelho, ao passarem pelas águas, acontece a libertação dos israelitas da escravidão no Egito, prefigurando o nascimento para a vida, a passagem (Páscoa) da morte para a vida (Êxodo, 14: 15). É também pelas águas do Rio Jordão que o povo liberto alcança a terra prometida, a libertação plena. Na liturgia da benção da água batismal e na missa da vigília pascal, essa relação

---

2 "A história das religiões conhece processos de socialização religiosa e étnica, isto é, a admissão na comunhão mais íntima da tribo, da iniciação em um novo *status*, do amadurecimento do indivíduo e do encontro com a divindade [...] nesse processo estão entretecidos exercícios práticos e ritos simbólicos" (Nocke, 2002, p. 206).

3 "A Igreja viu na arca de Noé uma prefiguração da salvação pelo Batismo. Com efeito, graças a ela, 'um pequeno grupo, ao todo oito pessoas, foram salvas pela água,' (I Pedro, 3: 20). 'Nas águas do dilúvio, destes-nos uma imagem do Baptismo, sacramento da vida nova, porque as águas significam ao mesmo tempo o fim do pecado e o princípio da santidade'. Se a água de nascente simboliza a vida, a água do mar é um símbolo da morte. Por isso é que podia prefigurar o mistério da cruz. E por este simbolismo, o Batismo significa a comunhão com a morte de Cristo" (Santa Sé, 1992, n. 1219-1220).

sacramental da água com o sacramento do batismo é relembrada (Santa Sé, 1992, n. 1217-1222).

Na linguagem bíblica e nos mitos religiosos, a água é um símbolo importante da experiência do ser humano com o mundo. Ela remete ao **caos** e à **ameaça à vida** quando presente em acontecimentos catastróficos, como enchentes, naufrágios etc. A Bíblia cita a ação de Deus no controle das águas: a separação da terra e da água sob o caos que envolvia o mundo (Gênesis, 1: 6-10) e nas batalhas com o mar e os seres que nele habitam (Jó, 7: 12; 26: 12; Salmos, 65: 8; 74: 13; 77: 17; 89: 10; 93: 3-4; 104: 6-10; 107: 29-30).

A água também simboliza a experiência positiva, ela é a **fonte da vida**: para um povo que vive no deserto, o oásis e a água são sinais de sobrevivência; a água que sai da rocha (Êxodo, 17: 1-7; Números, 20: 1-11); o Rio do Éden (Gênesis, 2: 10-14); a água que faz crescer as árvores frutíferas (Apocalipse, 22: 1-4); e o anseio pelas águas (Salmos, 42: 2).

A água é a **purificação** e a **renovação** da vida: com ela, saciamos a sede e nos lavamos, ela é bebida e banho; ela nos livra da fraqueza e da sujeira; purificar-se e banhar-se são símbolos de renovação, retorno, de um caminho novo. Em Israel, a purificação é um princípio importante para a renovação da vida: a purificação ritual para voltar a viver no grupo, a água aspergida para purificação (Levítico, 11-15; Números, 19: 11-22); o mergulho de Naamã (II Reis, 5: 14), entre outros. O perdão é relacionado à purificação, ao banho para a nova vida: "lava-me e ficarei mais branco do que a neve" (Salmos, 51: 9). As Escrituras também remetem à ideia de "água pura", à nova vida, ao novo coração, ao espírito renovado (Êxodo, 36: 25-27; Isaías, 32: 15-20; 44: 3; Joel, 3: 1).

A importância dos ritos de purificação cresceu no decurso da história pós-exílica até a época de Jesus. A repetição desses ritos e a imersão de todo o corpo se tornaram obrigações; nas sinagogas, surgiram os banhos de imersão. As abluções receberam a função de separar israelitas de não israelitas, bem como os membros de determinados grupos (por exemplo, os essênios) de outros em Israel. As extensas instalações de banho em Qumran ilustram justamente o que acabamos de dizer (Nocke, 2000).

3.1.2 O batismo de Cristo

Para falarmos sobre o batismo de Jesus, necessitamos refletir sobre o batismo de João Batista. O batismo de João foi feito para a **conversão**, para o perdão dos pecados e para a chegada de uma nova realidade: o Reino de Deus (Marcos, 1: 1-8). Em suma, O batismo de João representa o convite a uma mudança radical de vida. Com um detalhe importante: aconteceu no deserto, não no templo. É a renovação que parte da dimensão mais profunda da pessoa e a superação do formalismo religioso, mas na continuidade de uma tradição de purificação de vida nova. Para os discípulos de Jesus, o batismo de João é importante, visto que o próprio Jesus foi batizado por ele (Marcos, 1: 9-11). O batismo de Cristo aconteceu no início de sua vida pública, conforme as Escrituras (Mateus, 3: 13); depois de ressuscitado, Jesus passou aos apóstolos a missão de batizar: "Ide, portanto, e fazei que todas as nações se tornem discípulos, batizando-as em nome do Pai, do Filho e do Espírito Santo e ensinando-as a observar tudo quanto vos ordenei [...]" (Mateus, 28: 19-20).

O batismo de João representa o arrependimento para os pecadores, e Jesus deixa-se batizar por vontade própria, realizando completamente a justiça, conforme aparece no Evangelho de Mateus (3: 15). Jesus mostra sua esperança de uma nova realidade e torna-se solidário com o povo. Com o gesto de passar pelo batismo, ele adotou uma atitude de, digamos, aniquilamento, ou seja, de proximidade com os pecadores, de encarnação na situação de limitação humana (Filipenses, 2: 7). Conforme mostra o relato de Mateus, a partir do seu batismo, Jesus foi reconhecido como o filho amado de Deus pela ação do Espírito Santo, o mesmo espírito que pairava sobre as águas do momento da criação (Mateus, 3: 16-17). Para a cristologia, Jesus é o Messias que se aproxima das pessoas e põe-se ao lado delas. Para a compreensão da teologia sacramental, é preciso identificar que, desde os primórdios, a Igreja entende o batismo como ligado à caminhada de Jesus, guardando em si também o sentido primeiro do batismo de João: a conversão. Por meio do evento pascal, Cristo Jesus aproxima o homem e a mulher do batismo, pois fala de sua morte em Jerusalém como um "batismo" pelo qual ele teria de passar[4] (Marcos, 10: 38; Lucas, 12: 50).

3.1.3 O batismo na Igreja

Conforme apresenta o texto das Sagradas Escrituras, a Igreja cristã celebra e administra o batismo desde o Pentecostes. Pedro, ao discursar para a multidão, convocou: "Arrependei-vos, e cada um de vós seja batizado em nome de Jesus Cristo para a remissão dos vossos pecados. Então recebereis o dom do Espírito Santo" (Atos, 2: 38). A condição para ser batizado era **acreditar** em Jesus: aquele que acreditasse poderia ser batizado, não importando de qual povo fizesse parte (Atos, 2: 41; 8: 12-13; 10: 48; 16: 15). O batismo tem ligação direta com a **fé** e depende dela, ou seja, é fundamental acreditar para ser batizado, como vemos quando Paulo de Tarso em Filipos fala ao carcereiro: "Crê no Senhor e serás salvo, tu e a tua casa" (Atos, 16: 31).

---

[4] "O sangue e a água que manaram do lado aberto de Jesus crucificado (João, 19: 34.) são tipos do Batismo e da Eucaristia, sacramentos da vida nova (I João, 5: 6-8.): desde então, é possível 'nascer da água e do Espírito' para entrar no Reino de Deus (João, 3: 5). Repara: Onde é que foste batizado, de onde é que vem o Batismo, senão da cruz de Cristo, da morte de Cristo? Ali está todo o mistério: Ele sofreu por ti. Foi n'Ele que tu foste resgatado, n'Ele que foste salvo" (Santa Sé, 1992, n. 1225).

O mesmo apóstolo Paulo afirma que, com o batismo, aquele que crê faz comunhão na morte de Cristo – morre, é sepultado e ressuscita com ele: "Ou não sabeis que todos os que fomos batizados em Cristo Jesus, é na sua morte que fomos batizados? Portanto pelo batismo nós fomos sepultados com ele na morte para que, como Cristo foi ressuscitado dentre os mortos pela glória do Pai, assim também nós vivamos vida nova" (Romanos, 6: 3-4) e "Fostes sepultados com ele no batismo, também com ele ressuscitastes, pela fé no poder de Deus, que o ressuscitou dos mortos" (Colossenses, 2: 12). Aquele que é batizado é revestido de Cristo. O batismo pela ação do Espírito Santo **lava a pessoa**, faz dela **pura**, **santa** e **justificada**. (Gálatas, 3: 27; I Coríntios, 6: 11; 12: 13). Planta no homem e na mulher a semente da Palavra de Deus, que germina e produz a vida nova. Essa semente não se estraga, não é corruptível (I Pedro, 23).

No contexto das comunidades do Novo Testamento, encontramos na forma de batizar uma evolução da compreensão do batismo: primeiro, o batismo com a fórmula "Em nome de Jesus" (Atos, 2: 38; 10: 48; 8: 16; Romanos, 6: 3; Gálatas, 3: 27). A fórmula trinitária aparece no Evangelho de Mateus (28: 19). Outro dado importante é o batismo de indivíduos e de casas inteiras: Casa de Lídia (Atos, 18: 8) e Casa de Estéfanas (I Coríntios, 1: 16). Há também o batismo de Crispo e Caio (I Coríntios, 1: 14), a esposa que busca o batismo independentemente do marido (I Coríntios, 7: 12-16), o superintendente etíope (Atos, 8: 26-40) e Paulo (Atos, 9: 1-19; 22: 3-16). Com essas referências bíblicas, desenvolveu-se a discussão teológica e pastoral do batismo de crianças. Referências indiretas trazem argumentos parciais em relação a essa prática: batismo de uma casa inteira, como referido, supondo que, da casa, façam parte também as crianças, e o episódio de Marcos (10: 14), em que Jesus acolhe as crianças, abençoa-as e adverte que elas não sejam impedidas de irem até ele[5].

Segundo Nocke (2002), na perspectiva teológico-bíblica, o batismo está vinculado à compreensão de:

- sinais da fé;
- entrega a Jesus Cristo;
- perdão dos pecados;
- dom do Espírito Santo;
- unidade e igual dignidade de todos os batizados;
- nascimento para uma vida nova: dom e tarefa.

O batismo como **sinal da fé** tem ilustração bíblica no evento do Pentecostes. As pessoas que escutavam o discurso de Pedro, ao serem tocadas pela ação do Espírito Santo, procuram saber como responder e ouvem a chamada para converterem-se e batizarem-se (Atos, 2: 37-41). Outro relato bíblico importante é quando Paulo, ao pregar, procura levar os ouvintes a aprofundar o entendimento daquilo que aconteceu a eles pelo batismo (Romanos, 6: 1-14).

Como destacado anteriormente, o batismo é realizado em **nome de Jesus** (Atos, 2: 38; 10: 48; 19: 5). Converter-se e ser batizado é voltar-se e entregar-se a Jesus, é deixar-se ser apropriado por ele, é ser incluído em seu destino. O batismo transforma as pessoas para uma vida nova (Romanos, 6: 13), e essa vida nova é em Cristo – o que

---
5 "As comunidades cristãs batizam na firme convicção de estarem agindo por ordem do Jesus ressuscitado. Essa convicção se expressa na ordem batismal pós-pascal: 'Ide a todos os povos e fazei de todas as pessoas meus discípulos; batizai-as em nome do Pai e do Filho e do Espírito Santo, e ensinai-as a observar tudo o que vos ensinei'" (Mateus, 28: 19-20; Marcos, 16: 16, citados por Nocke, 2002, p. 210).

aconteceu a Jesus acontecerá com quem for batizado, ou seja, participará do mesmo caminho que ele, beberá de seu cálice (Marcos, 10: 38). A história de vida do que for batizado terá angústias, sofrimentos, conflitos, perigos e mortes, mas tudo isso com a perspectiva da esperança, da vida que se renova pela ação de Deus.

O batismo perdoa os pecados (Atos, 2: 38), sob a condição de crer e mudar de vida (Atos, 10: 43; 13: 38; 3: 19; 5: 31; 26: 18), e sob o simbolismo da purificação, lava os pecados, como no relato da conversão de Paulo (22: 16).

Em Pentecostes, a vinda do Espírito Santo confirma o anúncio de que Jesus ressuscitou, e ali os ouvintes creem em Jesus, que ressuscitou (Atos, 2: 32-38). A ação do Espírito é eclesial, sugere a reunião entre os que creem e a Igreja. A ação congregadora do Espírito Santo aparece reforçada por Paulo (I Coríntios, 14: 1-25), quando ele destaca, por exemplo, o dom da profecia diante do dom de línguas. Essas referências nos mostram que o **Espírito Santo é dom no batismo e dinamismo na vivência batismal**, que se desenvolve na comunidade; ou seja, o batismo tem sua fundamentação na ação do Espírito Santo, na Igreja. Lucas (Atos, 2: 41-44) destaca os elementos principais da vida comunitária: a **instrução dos apóstolos**, a **comunhão**, o **partir do pão**, a **oração** e, como resultado, a **comunhão dos bens**. Com isso, quer dizer que a Igreja é **sinal de unidade e superação das desigualdades** criadas pela sociedade. "Há um só Corpo e um só Espírito, assim como é uma só a esperança da vocação a que fostes chamados; há um só Senhor, uma só fé, um só batismo; há um só Deus e Pai de todos, que é sobre todos, por meio de todos e em todos" (Efésios, 4: 4-6).

Em Atos (2: 38), o efeito batismal pelo dom do Espírito Santo coloca a pessoa em uma vida nova. No Evangelho de João, o destaque está no **nascer para uma nova vida**, usando as expressões "nascer do alto", "nascer da água e do Espírito" (João 3: 3-5), concluindo que "quem não nascer da água e do Espírito não pode entrar no Reino de Deus. O que nasceu da carne é carne, o que nasceu do Espírito é espírito" (João 3: 5)[6].

3.1.4 O caminho histórico-teológico no sacramento do batismo

No batismo, a junção da palavra com os elementos materiais produz o sacramento (Santo Agostinho, 2000a).

O batismo carrega a compreensão daquilo que a Igreja é e da maneira como se vive e se compreende a liturgia. Nos primeiros séculos, a Igreja tinha características fortemente **escatológicas** e **pneumáticas**: esperar o Reino de Deus sob a ação e a inspiração do Espírito Santo em um estilo de vida diferente do normal. Aderir ao cristianismo era contrapor-se a um estilo de sociedade, era romper com práticas comuns – uma radicalidade que aparece com ênfase na liturgia. No batismo, a pessoa renuncia ao passado e vai para uma nova terra. Passar pela água é purificar-se totalmente. No rito do batismo primitivo, a pessoa despia-se, tirava as joias e tudo o que levava consigo, e o primeiro questionamento que um presbítero fazia era se a pessoa renunciava ao mal, a Satanás.

Aquele que é batizado o é porque acredita: a fé é o ponto de partida para o batismo. Tornar-se cristão exige decisão e preparação, um caminho a ser percorrido, um processo com etapas específicas, tendo como testemunha a Igreja, desde o tempo dos apóstolos. Existem elementos indispensáveis presentes nesse processo, seja

---

6 "O batismo é o banho renovador, do qual saímos renascidos, a virada fundamental entre 'antigamente' e 'hoje'. Essa virada não é obra nossa, e, sim, dádiva de Deus, obra de seu Espírito; essa obra, porém, deve agora ser realizada num novo estilo de vida" (Nocke, 2002, p. 216).

ele demorado, seja rápido: **o anúncio da palavra e o acolhimento do Evangelho, que implicam a conversão, a profissão de fé, o batismo, a efusão do Espírito Santo e o acesso à comunhão eucarística** (Santa Sé, 1992, n. 1229). Esse processo tem características próprias no desenvolvimento histórico da Igreja, razão por que é marcado também pelo contexto de cada época. Na Igreja dos primeiros séculos, o processo de iniciação à vida cristã tinha marcas fortes: **período de instrução longo (catecumenato) e ritos preparatórios**, como os detalhes litúrgicos específicos. Um exemplo é o do acesso restrito à celebração da ceia. Aquele que não era batizado, não poderia assistir nem estar presente à celebração; só poderia participar dela depois de batizado.

3.1.5 O batismo na Igreja imperial, na Idade Média, na escolástica e na Reforma Protestante

Nos primeiros séculos do cristianismo, o batismo mais comum era o de adultos, que se preparavam durante um longo período: catecumenato (preparação para receber o batismo), crisma e eucaristia. Era esse o caminho para receber o batismo, principalmente nos três primeiros séculos da Era Cristã. Nessa época, ser cristão significava ser perseguido, e celebrar a fé em comunidade era esconder-se em catacumbas.

Para ser admitido ao batismo, além de passar por um longo tempo de preparação, era necessário também estar disposto a ser perseguido e morrer pela fé. Na época, os seguidores de Jesus eram considerados subversivos e perigosos pelos imperadores romanos, pois os cristãos não reconheciam a divindade do imperador e recusavam-se a prestar culto a ele. Era muito comum que os líderes e os membros das comunidades cristãs fossem presos e executados;

portanto, muitos batismos não aconteciam pela água, mas pelo sangue, ou seja, pelo martírio. É importante lembrar que receber um sacramento é comprometer a vida, é seguir Cristo inteiramente, e não apenas um rito (Ribolla, 1990).

Após se tornarem parte institucional do Império Romano, a Igreja e a prática do batismo passaram por transformações importantes. Isso ocorreu a partir de Teodósio (391 d.C.), quando a Igreja saiu das catacumbas e passou a ocupar os palácios e os espaços públicos. O cristianismo ganhou, assim, uma posição política; como consequência, a adesão à Igreja tornou-se maior, contudo, menos original. No entanto, apesar de os líderes cristãos passarem a ter vínculos burocráticos com o império, a característica básica do batismo permaneceu, ou seja, a **mudança radical de vida**.

Muitas vezes, acontecia de o batismo ser adiado até os últimos anos de vida da pessoa. O catecumenato, que era a preparação para o batismo, tornou-se permanente. O destaque teológico concentrou-se na **pessoa de Cristo**, com o enfoque no mistério que envolve sua vida. Começou a nascer, então, um caráter contemplativo não só do batismo, mas também da fé cristã. O texto bíblico mais utilizado para instrução batismal é Romanos (6: 1-11). O batizando é mergulhado três vezes na água, em referência não só à fórmula trinitária, mas também aos três dias da sepultura de Jesus. A pia batismal é, portanto, o símbolo da sepultura de Jesus.

Personagens da história da Igreja enfatizaram diferentes aspectos do batismo, entre os quais Ambrósio de Milão (340-347 d.C.), que

Nos primeiros séculos do cristianismo, o batismo mais comum era o de adultos, que se preparavam durante um longo período: catecumenato (preparação para receber o batismo), crisma e eucaristia. Era esse o caminho para receber o batismo, principalmente nos três primeiros séculos da Era Cristã. Nessa época, ser cristão significava ser perseguido, e celebrar a fé em comunidade era esconder-se em catacumbas.

destacou o estabelecimento da comunhão com Cristo como algo fundamental no batismo. Ambrósio valorizava o lava-pés após o rito do batismo na liturgia, para o fiel ter parte com o Cristo, como destaca o evangelista João (13: 8). Santo Agostinho valorizava no batismo o perdão dos pecados, enfatizando a ideia do **pecado hereditário**, que serve de base para a argumentação a favor do batismo de crianças. A comunhão com Cristo e o perdão dos pecados eram aspectos importantes da teologia batismal no contexto da Igreja antiga, tanto para a reflexão litúrgica quanto a pastoral.

Na Idade Média, destacamos um dado fundamental para compreendermos a prática do batismo: a tradicional forma de acesso ao batismo pela fé e conversão (individual ou familiar) acontecia, naquele período, pela decisão dos príncipes e dos líderes políticos sobre a população – era o batismo por conquista, compulsório. A ênfase bíblica se dava com base em Mateus (28: 19).

A prática do batismo assumiu um caráter de coerção da pessoa, era mais o medo, e menos a fé, que levava a pessoa ao batismo. A escolástica preocupou-se em fundamentar e sistematizar a instituição do batismo. Diferentes autores alinharam a "fundação" do sacramento do batismo: Pedro Lombardo (1100-1160) e Hugo de São Vítor (1096-1141) basearam-se no diálogo de Jesus com Nicodemos (João, 3: 5) como núcleo de reflexão, entendendo Mateus (28: 19) como a oficialização, a forma final da ordem de batizar. Santo Tomás de Aquino foi mais longe e afirmou que o batismo foi instituído quando realizou seu efeito; portanto, é o batismo de Jesus que fundou o sacramento batismal.

No contexto medieval, a explicitação da eficácia do sacramento (*ex opere operato*) era o agir de Deus que está no evento batismal, era obra dEle. Para Santo Tomás de Aquino, o batismo marcava o indivíduo, mesmo que este não tivesse fé. Mas, para que a graça sacramental tivesse seu efeito, a fé era necessária. Conforme a teologia escolástica, o batizado recebia seu acesso à paixão de Cristo. O batismo de crianças foi mantido e legitimado pela escolástica com base no princípio do pecado hereditário: uma vez que Adão pecou, todos pecaram. As crianças participam, assim, da realidade do pecado e também da fé da Igreja, pois elas creem por outros, seus pais, e pela Igreja como um todo (Nocke, 2002).

Em suas diferentes linhas, a **Reforma Protestante** conservou o batismo como sacramento da fé, ainda que entendido sob diferentes óticas. Os movimentos batista e pentecostal entenderam o **batismo como ordenança**, não como sacramento. Para Martinho Lutero (1483-1546), no batismo, anunciamos a palavra de Deus por meio da água (Lutero, 1980). Indo na direção dos movimentos reformistas do século XVI, que eram contra as superstições e os magicismos que marcavam os sacramentos, Lutero enfatizou o **caráter da fé**. Sobre as crianças, ele destacou as virtudes e o testemunho daqueles que viveram sua fé como adultos, tendo sido batizados ainda crianças, argumentando que a fé do batismo é a que se desenvolve e permanece durante toda a vida.

João Calvino (1509-1564), por sua vez, destacou o batismo como a **afirmação pública da fé e sinal de Deus para o homem**. É o anúncio de que os pecados estão perdoados. Paralelamente, a Igreja romana, por meio do Concílio de Trento, reafirmou a perspectiva da teologia escolástica sobre o batismo, com foco na doutrina do pecado hereditário e da justificação. Segundo essa doutrina, todos os homens perdem a inocência por causa do pecado de Adão e, assim, tornam-se escravos do pecado e da morte. Deus enviou Jesus Cristo para reconciliar-se com a humanidade, mas isso só é possível para aqueles que renascem em Cristo.

No século XX, tanto em âmbito católico quanto protestante, as discussões teológicas sobre o batismo de crianças continuaram. Ao batizarem as crianças, os elementos preparatórios têm, é claro, uma abreviação, pois o batismo se torna um ato único, tendo depois um desenvolvimento com característica pós-batismal em que duas necessidades convergem: **instrução** e **cultivo** da graça batismal já recebida – a catequese.

O Concílio Ecumênico Vaticano II indicou o cuidado com as condições para o batismo de crianças (CVII, 1963) com orientações específicas para o Brasil (CNBB, 1971). Entre os ritos latinos e os orientais, há uma diferenciação no desenvolvimento para a preparação e a recepção do batismo, bem como na preparação para os demais sacramentos de iniciação. Enquanto nos ritos orientais há uma única celebração, na qual a criança recebe o batismo, a confirmação e a eucaristia, no rito latino há uma preparação da criança para receber a comunhão, pastoralmente chamada de *primeira eucaristia*, bem como uma preparação para o sacramento do crisma.

No caso de adultos, existe um ritual de 1972 – *Ordo initiationis christianae adultorum* (Ordem de iniciação cristã de adultos) – para a recepção na fé, instrução resgatada pelo Concílio Vaticano II, que remete à prática antiga da Igreja de preparar e iniciar os candidatos ao batismo. É o resgate do **caráter de iniciação** (CVII, 1963), e isso ocorre na Igreja tanto no rito latino como nos ritos orientais[7].

3.1.6 Refletindo para a atualidade

O batismo é, de maneira especial, o sacramento da fé. Evidentemente, para os outros sacramentos, também é necessário crer, mas o batismo supõe que aquele que o recebe está agindo com fé em Jesus Cristo.

---

7 "A prática da Igreja, que se desenvolveu historicamente, e especialmente a forma do rito pós-conciliar sugerem que se considere o batismo de pessoas adultas no final de processo de iniciação e o batismo de crianças não emancipadas de pais crentes como duas formas qualitativamente diferentes do mesmo sacramento do batismo" (Nocke, 2002, p. 225-226).

A fé cristã é necessariamente comunitária. É na **comunhão eclesial** que a pessoa crê. A fé do cristão, necessária ao batismo, não é perfeita, amadurecida, completa, mas sim um início, uma semente a ser cultivada, um princípio a ser desenvolvido. No rito do batismo, é possível perceber essa ideia com a pergunta ao batizando ou ao padrinho: "O que pedem à Igreja?" E a resposta é: "a fé" (Marcos, 16: 16). A fé do cristão, seja ele criança, seja adulto, é a fé que cresce, que se desenvolve no caminho pós-batismal. Isso fica claro no sábado santo da liturgia da vigília pascal, em que é realizada a **renovação das promessas do batismo**, ou seja, todos os cristãos renovam aquilo que prometeram no ato de seu batismo.

Assim, podemos perceber a importância que há na preparação do fiel para a recepção do sacramento do batismo, seja adulto, seja criança, por meio do pai, da mãe e dos padrinhos. Essa preparação é conduzir-se à porta da vida nova. O batismo é a vida nova em Cristo, é a fonte pela qual o fiel renova sua fé; do batismo brota e cresce a vida do cristão. A tarefa central do batismo é "ser" Igreja, em todas as formas de vocação: como clérigo, religioso, leigo; é levar a Igreja para dentro do mundo, é militar nas realidades da vida política, familiar, econômica, cultural etc. (Ribolla, 1990).

Ao participar do sacramento do batismo, recebendo-o na fé em Jesus Cristo, seu efeito na vida do cristão aparece nos elementos sensíveis do rito. A água pela qual ele passa, seja por imersão, seja por infusão ou aspersão, simboliza a morte e a purificação, bem como a regeneração e a renovação. Pelo batismo, o fiel é purificado dos pecados e nasce novamente pelo Espírito Santo (Atos, 2: 38; João, 3: 5-8).

A **graça de Deus**, a vida nova recebida no batismo, precisa da ajuda do pai, da mãe, do padrinho e da madrinha para desenvolver-se na vida da criança e também daquele que recebe o sacramento na vida adulta. Para tanto, é necessário que aqueles que ajudam a desenvolver a fé do batizado tenham sua vida de fé cultivada. Pai, mãe, padrinho e madrinha têm um ministério, um ofício eclesial ao ajudar o batizado a cultivar sua fé. Da mesma forma, a comunidade cristã tem a tarefa de propiciar o crescimento da fé recebida no batismo.

Para a fé católica, o batismo **perdoa** o indivíduo, alivia-o do pecado original, dos pecados pessoais e das penalidades que o pecado gera. Alinha a sua caminhada na direção do amor a Deus, trata e cura a "mancha" que o pecado deixa no ser humano. Uma vez regenerada, a pessoa abre para si as portas do Reino de Deus, e agora nada a impede de caminhar até a vida plena. A separação de Deus, que é a consequência do pecado, não tem mais força de domínio. Permanecem, contudo, as consequências, as tendências no tempo e no espaço que limitam a vida do ser humano: sofrimentos, doenças, mortes, fragilidades, desvios de caráter e inclinação para o pecado (concupiscência: desejo sem controle, ambição – a "isca" do pecado). "Deixada para os nossos combates, a concupiscência não pode fazer mal àqueles que, não consentindo nela, resistem corajosamente pela graça de Cristo" (Santa Sé, 1992, n. 1264).

Ao participar do sacramento do batismo, recebendo-o na fé em Jesus Cristo, seu efeito na vida do cristão aparece nos elementos sensíveis do rito. A água pela qual ele passa, seja por imersão, seja por infusão ou aspersão, simboliza a morte e a purificação, bem como a regeneração e a renovação. Pelo batismo, o fiel é purificado dos pecados e nasce novamente pelo Espírito Santo (Atos, 2: 38; João, 3: 5-8).

O batismo torna os fiéis **novas criaturas** (II Coríntios, 5: 17), filhos acolhidos por Deus (Gálatas 4: 5-7), participantes da natureza divina (II Pedro, 1: 4), membros do corpo de Cristo (I Coríntios, 6: 15; 12: 27), herdeiros com Cristo (Romanos, 8: 17) e templos do Espírito Santo (I Coríntios, 6: 19). Torna-os filhos de Deus, irmãos em Jesus Cristo e habitação do

Espírito Santo (João, 14: 23). Da afirmação de que os fiéis são filhos, podemos concluir que eles são herdeiros de Deus, pois é comum que os filhos recebam aquilo que seus pais têm, e de Deus recebem a melhor e definitiva riqueza: a acolhida na comunhão permanente ou, teologicamente, a vida eterna.

Deus Pai, Filho e Espírito Santo **santifica** e **justifica** o batizado. O cristão torna-se crente em Deus, tem esperança nEle e O ama com fé, esperança e caridade (virtudes teologais). O fiel agora pode viver e agir sob a ação do Espírito Santo, desenvolver-se na busca do bem e na direção da vida. É um organismo de vida sobrenatural, cujas raízes estão no batismo e cuja vida existe na comunhão plena com Deus[8].

Pelo sacramento do batismo, os fiéis se tornam **membros do corpo de Cristo**, por isso eles se unem uns aos outros sendo membros uns dos outros (Efésios, 4: 25). Isso é ser a Igreja, é estar incorporado a ela. O batismo faz nascer o único povo que pertence a Deus, o povo da Nova Aliança, não mais restrito ao povo de Israel – todos os cristãos são, a partir do batismo, o novo Israel. Não há mais, portanto, os limites humanos e naturais de nação, cultura, raça e gênero: "Pois fomos todos batizados num só espírito para ser um só corpo [...]" (I Coríntios, 12: 13).

O batizado é uma pedra, mas uma pedra com vida, que ajuda a construir um templo espiritual, em que o eterno sacerdote Jesus Cristo age (I Pedro, 2: 5). Por meio do batismo, os cristãos participam do sacerdócio de Jesus Cristo, que, pela missão dada por

---

8   O batismo infunde, planta nos fiéis as sementes das três virtudes teologais: fé, esperança, caridade. Com o uso da razão e da formação cristã, essas virtudes teologais vão comandar toda a vida do cristão; serão a fina flor da vida cristã e, vividas em grau heroico, serão a prova, a pedra de toque da santidade: serão o batismo levado às últimas consequências na vida do cristão (Ribolla, 1990).

Deus, é profeta e rei da **"raça eleita, um sacerdócio real, uma nação santa, o povo de sua particular propriedade**, a fim de que proclameis as excelências daquele que vos chamou das trevas para a sua luz maravilhosa [...]" (I Pedro, 2: 9, grifo do original). Essa participação no sacerdócio único torna os cristãos uma comunidade sacerdotal, membros do **sacerdócio comum dos fiéis**. O batismo faz a pessoa participante da missão sacerdotal de Jesus: sendo sacerdote, leva as pessoas e o mundo para Deus, por meio de Jesus; sendo profeta, mostra e fala sobre o plano de Deus e denuncia aquilo que é contra a vida; sendo rei, serve aos outros e à comunidade (Ribolla, 1990).

Uma vez membro da Igreja, a pessoa batizada não vive mais voltada para si própria (I Coríntios, 6: 19), pois volta-se na direção daquele que morreu e ressuscitou por toda a humanidade (II Coríntios, 5: 15); por isso é convidado a voltar-se ao outro (Efésios, 5: 21; I Coríntios, 16. 15-16), a servir o outro (João, 13: 12-15.) em comunhão com a Igreja, atento aos que a lideram, com o devido respeito e reconhecimento (Hebreus, 13: 17; I Tessalonicenses, 5: 12-13). O batismo traz ao cristão deveres, responsabilidades e direitos na Igreja: "ser alimentado pela Palavra de Deus, participar e receber os sacramentos e ser orientado espiritualmente pela comunidade cristã" (CVII, 1965b) declarando a todos a fé recebida de Deus por meio da Igreja, participando da ação missionária e evangelizadora dela.

O batizado em Cristo é unido a ele. O cristão é marcado com um **selo espiritual** de forma indelével, ou seja, uma marca que não se apaga, algo que não pode ser esquecido. Uma vez pertencendo a Cristo, a marca não é apagada por nenhum pecado, no entanto, o pecado pode impedir que o batizado viva e produza ações de salvação, de vida feliz e saudável. O batismo não pode ser repetido, é dado uma única vez (Romanos, 8: 29; Santa Sé, 1992, 1547) e incorpora a

Cristo o fiel, que se torna, a partir do batismo, cristão, outro "cristo", ou seja, assume os sentimentos de Cristo, suas atitudes e seus critérios de vida – ele se torna a vida do batizado: "já não sou eu que vivo, mas é Cristo que vive em mim" (Gálatas, 2: 20) (Ribolla, 1990, p. 41). O batismo torna o cristão parte do corpo eclesial, ficando marcado e consagrado para cultuar Deus. Torna aquele que é batizado comprometido e capaz de servir a Deus pela participação na liturgia, em que aplica seu sacerdócio universal e pela qual testemunha sua fé em meio à sociedade, agindo com sensibilidade e caridade (CVII, 1965b).

O "selo do Senhor" (*dominicus character*) (Santo Agostinho, 2000a, p. 98) é a marca pela qual o Espírito Santo de Deus marcou o cristão para ser **redimido** (Efésios, 1: 13-14; 4: 30; II Coríntios, 1: 21-22). Quando selados, ou seja, marcados, os cristãos estão guardados para a vida eterna com Deus (Santo Ireneu de Lião, 2000, 3: SC 62, 32). "O fiel que tiver 'guardado o selo' até ao fim, quer dizer, que tiver permanecido fiel às exigências do seu Batismo, poderá partir 'marcado pelo sinal da fé'" (Santa Sé, 1992, n. 1274).

Ao declarar sua fé no batismo, o cristão volta-se para a vida em plenitude, vendo a realidade além daquilo que se apresenta, vendo Deus presente – é o agir *com* e *pela* fé, esperando a ressurreição no Senhor Jesus.

A comunhão entre os cristãos está fundamentada no batismo. Ele é, portanto, o vínculo sacramental da **união entre os cristãos**. Mesmo nas diferenças da tradição histórica a que cada cristão pertence, o batismo faz reconhecer a todos como irmãos no Senhor Jesus. "'O Batismo, pois, constitui *o vínculo sacramental da unidade* vigente entre todos os que por ele foram regenerados'" (Santa Sé, 1992, n. 1271, grifo do original). Conforme as Escrituras, com Jesus, o fiel percebe a **necessidade do batismo para a salvação**. É necessário nascer da água e do Espírito (João, 3: 5-8), e Jesus envia os discípulos para que anunciem o Evangelho e batizem as nações (Mateus, 28: 20; CVII, 1965c, n. 14).

Uma vez que o Evangelho é anunciado, aqueles que, tocados por esse anúncio, pedem o batismo solicitam participar do mistério da salvação, e o batismo torna-se, portanto, necessário a eles (Marcos, 16: 16). A Igreja realiza aquilo que recebeu do Senhor Jesus para oferecer a todos o acesso à vida em plenitude e felicidade, e o batismo é o meio dado pela Igreja para isso. Assim, é missão da Igreja batizar, e ela não pode deixar de fazê-lo.

Mas e aqueles que sofrem e morrem por causa de sua fé, sem ter recebido o sacramento do batismo? A Igreja afirma que eles são batizados quando morrem pelo próprio Cristo em seu sofrimento na cruz. É o **batismo de sangue**. No caso de alguém morrer sem ter sido batizado, mas que muito desejou ter recebido o sacramento, a Igreja ensina que existe o **batismo de desejo**. Ambos produzem o efeito de salvação, mesmo não sendo liturgicamente o sacramento. O Concílio Vaticano II manifestou que aqueles que procuraram levar uma vida em retidão, na direção da vontade de Deus, não estão excluídos da salvação (CVII, 1965c, n. 16).

Como rito, o batismo é sinal da realidade profunda de acolhimento do ser humano no amor de Deus. O que realmente salva os homens, torna-os santificados e os coloca no caminho da santidade é a vivência do batismo: testemunhar o amor de Deus pela humanidade e denunciar o que maltrata a vida.

Todos os seres humanos que procuram a verdade e seguem a vontade de Deus da maneira que o conheceram estão destinados à salvação, mesmo que o ignorem por não terem ouvido o Evangelho[9]. A Igreja entende que essas pessoas teriam desejado o batismo se

---

9 "Com efeito, já que por todos morreu Cristo e a vocação última de todos os homens é realmente uma só, a saber, a divina, devemos manter que o Espírito Santo a todos dá a possibilidade de se associarem a este mistério pascal por um modo só de Deus conhecido" (CVII, 1965b, n. 22).

tivessem tido a oportunidade de conhecer a importância do sacramento. Para a Igreja, as crianças que morrem sem receber o batismo, por exemplo, de maneira alguma estão fora do amor de Deus e de sua salvação. Elas estão confiadas à misericórdia de Deus – misericórdia que é a expressão do que é o Deus de Jesus Cristo "que quer que todos os homens sejam salvos" (I Timóteo, 2: 4). Isso se manifesta no carinho de Jesus para com as crianças: "'Deixai as crianças virem a mim. Não as impeçais, pois delas é o Reino de Deus [...]'" (Marcos, 10: 14). O amor e a acolhida de Deus para com as crianças sem o sacramento do batismo existem com a certeza da fé, reforçando a necessidade de os pequeninos irem a Cristo por meio do sacramento do batismo. Os méritos de Cristo, o redentor, cuja vinda sempre esteve nos planos divinos, são válidos para que todos os homens sejam salvos, desde Adão até o último ser humano que viva sobre a terra. Teologicamente, isso é designado como *ante praevisa merita Christi* (em vista dos méritos de Cristo) (Ribolla, 1990).

Como rito, o batismo é sinal da realidade profunda de acolhimento do ser humano no amor de Deus. O que realmente salva os homens, torna-os santificados e os coloca no caminho da santidade é a vivência do batismo: testemunhar o amor de Deus pela humanidade e denunciar o que maltrata a vida. O batismo traz significado e luz para a vida das pessoas (Ribolla, 1990).

3.1.7 O batismo de crianças

A realidade do pecado é presente na vida dos seres humanos, e mesmo as crianças estão marcadas pela situação de decadência do homem e da mulher diante de Deus: pecado individual e coletivo, todas aquelas situações, ações e ideias que estão contra a vida. Assim, a Igreja ensina que as crianças devem participar do novo nascimento, abandonar desde cedo a realidade do pecado, da violação da vida; libertar-se do poder das trevas e transferir-se ao cuidado de Deus, em que a filiação a Deus por Jesus Cristo as torna libertas do poder das trevas, do direcionamento a tudo aquilo que agride o direito de viver. Para a criança, o batismo é receber a graça da salvação, imergir em Cristo desde o nascimento biológico, nascer completamente. Desde cedo, os pais da criança começam a cultivar a vida em seu sentido mais profundo para a criança, que, sob o efeito da graça de Deus, encontra força e orientação para viver, para construir sua história. As Escrituras testemunhavam a possibilidade de haver batismo de infantes:

> Uma delas, chamada Lídia, negociante de púrpura da cidade de Tiatira, e adoradora de Deus, escutava-nos. O Senhor lhe abrira o coração, para que ela atendesse ao que Paulo dizia. Tendo sido batizada, **ela e os de sua casa**, fez-nos este pedido: "Se me considerais fiel ao Senhor, vinde hospedar-vos em minha casa". E forçou-nos a aceitar. (Atos, 16: 14-15, grifo nosso)

Outras menções ao batismo de crianças encontram-se nos seguintes trechos: "A promessa diz respeito a vós, **a vossos filhos**, e a todos que estão longe: a tantos quantos Deus nosso Senhor chamar" (Atos, 2: 38-39, grifo nosso). "Mas Crispo, o chefe da sinagoga, creu no Senhor **com toda a sua casa**. Também muitos dos coríntios, ouvindo a Paulo, abraçavam a fé e eram batizados" (Atos, 18: 8, grifo nosso) e "É verdade, batizei também **a família** de Estéfanas; quanto ao mais, não me recordo de ter batizado algum outro de vós (I Coríntios, 1: 16, grifo nosso).

Uma maneira de perceber a importância do batismo para as crianças é ligar a realidade da vida com a fé. Ao visualizarmos a criança no ambiente familiar sendo cuidada e preparada para a vida, percebemos que ela depende de várias decisões que são tomadas para ela (pelos pais ou responsáveis) em vista de seu próprio bem.

Desde a espera de seu nascimento, a escolha do nome, os cuidados médicos, a vida escolar etc. Não se espera que a criança peça, mas os pais o fazem pela importância, e é obrigação da família fazer pela criança o que é melhor para ela (Ribolla, 1990).

3.1.8 O batismo de adultos

Durante os primeiros séculos da Igreja, nos lugares de missão, o batismo de adultos era uma prática comum. Em lugares onde o anúncio do Evangelho é recente, são fundamentais a preparação e o batismo de pessoas adultas. Nesse sentido, a preparação para o batismo, ou seja, o catecumenato, torna-se muito importante, pois ele é a preparação para a vida cristã, com base na fé que acolhe o dom de Deus.

Esse dom é manifestado não só pelo sacramento do batismo, uma vez que, no caso de adultos, a recepção do batismo, a confirmação e a eucaristia são profundamente significativas. A instrução daqueles que buscam o batismo serve para que a pessoa, tocada pela ação do próprio Deus e unindo-se à comunidade cristã, possa crescer e desenvolver-se na fé. É, portanto, o início de uma aprendizagem para toda a vida, é a permanente busca de união com Jesus Cristo, o mestre. Por isso, o catecúmeno precisa viver a fé sob o mistério da história da salvação, procurando luz para suas ações no Evangelho, participando dos ritos cristãos e aproximando-se sempre mais da vida da Igreja e do povo de Deus, aprendendo a agir com caridade. É muito importante lembrarmos que aqueles que desejam o batismo na vida adulta são pessoas já em união com a Igreja e com Cristo. No desejo desperto dentro deles de seguir Cristo estão presentes a fé, a esperança e a caridade, que fazem deles discípulos do Senhor Jesus.

3.1.9 Mistagogia da celebração

O desenvolvimento da celebração do rito do batismo apresenta o próprio significado daquilo que o batismo traz para a vida do cristão. Mesmo quem já está batizado pode, com a presença em algumas das liturgias de batismo, assimilar os gestos e as palavras que, naquele momento, são utilizados e participar da riqueza de significados que o sacramento do batismo apresenta aos fiéis cristãos (Santa Sé, 1992, n. 1234).

A seguir, descrevemos cada um dos momentos do rito batismal na liturgia romana, com seus profundos significados espirituais.

- **Sinal da cruz** – A celebração começa com o sinal da cruz. Cristo marca o batizando, que agora passa a pertencer a ele, a segui-lo. Fazer o sinal da cruz é o sinal da redenção sobre a vida da pessoa, a redenção que vem pela morte de Jesus na cruz.
- **O anúncio da palavra de Deus** – A leitura da Bíblia traz luz sobre o batizando, e essa luz vem da verdade revelada por Deus ao povo de Israel. Nesse momento, a liturgia do batismo desperta nas pessoas ali reunidas uma resposta de fé nessa palavra revelada, uma fé que é, segundo dissemos, fundamental para receber o batismo. Em seu sentido mais profundo, o batismo é o **sacramento da fé**, e é por ele que a pessoa entra na caminhada da Igreja e pode participar e receber os demais sacramentos.
- **Exorcismos e profissão de fé** – Referem-se à recitação de uma ou mais fórmulas de expulsão do mal, de renúncia ao mal, seguindo a liturgia do batismo. Isso porque o batismo significa a libertação do pecado, daquilo que é contrário à vida, provocado pela ação do diabo. Após esse momento da

liturgia, o celebrante do batismo unge o batizando com óleo (óleo dos catecúmenos) ou impõe as mãos sobre ele, que faz uma renúncia expressa ao mal, às obras de Satanás (Romanos, 6: 17). Segue, então, a profissão de fé da Igreja, a recitação responsiva dos artigos do credo apostólico.

- **Água batismal** – A água utilizada no rito do batismo é consagrada. Sobre ela, o celebrante faz uma oração de epiclese (invocação do Espírito Santo). Ora-se como Igreja, pedindo a Deus que, por meio de Jesus Cristo, seu Filho, a ação e o poder do Espírito Santo venham até a água, com a finalidade de fazer com que o batizando possa "nascer da água e do Espírito" (João, 3: 5).
- **Batismo** – É a ação de batizar, o rito propriamente dito. Significa e realiza a morte para o pecado e a inserção do fiel na vida da Trindade, ligada ao mistério da morte e à ressurreição de Cristo. A apresentação mais evidente do significado do batismo é a imersão do batizando por três vezes na água ou, como é o costume, o derramamento de água por três vezes sobre a cabeça do batizando. No rito latino, enquanto o celebrante derrama água (infusão) por três vezes sobre o batizando, o gesto é acompanhado pelas seguintes palavras: "[Nome do batizando], eu te batizo em nome do Pai, do Filho e do Espírito Santo". Nos ritos orientais, o batizando posiciona-se voltado ao Oriente e o sacerdote diz: "O servo de Deus [Nome do batizando] é batizado em nome do Pai, do Filho e do Espírito Santo"; cada vez que uma das pessoas da Trindade é invocada, o batizando é mergulhado e retirado da água.
- **Unção com o óleo do crisma (santo crisma)** – O batizado é ungido com um óleo perfumado que o bispo consagrou, o qual é símbolo de força. Na Antiguidade, os lutadores passavam

óleo no corpo para tornar difícil que o adversário os segurasse, e, segundo a cultura da época, o próprio óleo trazia força e agilidade à musculatura corporal. O significado é o dom do Espírito Santo ao novo batizado. Agora, ele é cristão, ungido pelo Espírito Santo, faz parte de Cristo, o ungido de Deus, como sacerdote, profeta e rei (*Ordo baptismi parvulorum*, 62, p. 61, citado por Conferência..., 1994). Nos ritos da Igreja oriental, a unção do batizado é o sacramento da confirmação (crisma), conforme a sequência citada anteriormente, específica da tradição oriental. No caso do rito da Igreja latina (romana), a unção com o óleo do crisma é uma indicação daquilo que acontecerá mais adiante: a recepção do santo crisma como sacramento de confirmação do batismo realizado pelo bispo. É a confirmação, o momento de completar o batismo. Mais adiante, veremos com maior profundidade o significado do crisma como sacramento.

- **Veste branca** – É o símbolo de que o batizado se revestiu de Cristo agora e participa da vida dele, ressuscitando com ele (Gálatas, 3: 27). O branco é símbolo de pureza, da graça de Deus presente na vida da pessoa. Na Igreja antiga, depois do batismo, que normalmente era por imersão, os batizados vestiam-se de branco (Ribolla, 1990).

- **Vela** – É acesa na vela do círio pascal. O batizado é iluminado por Cristo e, agora, ambos se tornam luz para o mundo (Mateus, 5: 14; Filipenses, 2: 15). A vela é consumida pelo fogo e a cera que derrete faz lembrar que Jesus foi consumido, "gastando" sua vida até entregá-la na cruz pelos homens. A vida do cristão também é um consumir-se pelo bem do outro. Houve uma prática na história da Igreja em que a pessoa usava, para os outros sacramentos, como casamento, ordenação, primeira comunhão etc., a vela que recebeu no batismo (Ribolla, 1990).

Revestido de Cristo, aquele que foi batizado agora é filho de Deus no Filho Único, Jesus Cristo. Nessa afirmação está um dos mais profundos significados da oração do pai-nosso. Ao fazê-lo, está se dizendo a oração dos filhos de Deus. Como filho de Deus pelo batismo, a pessoa é conduzida pela caminhada da fé a alimentar-se com o alimento da vida nova: o corpo e o sangue de Cristo.

Na Igreja latina, a comunhão eucarística é reservada para o momento em que o batizado atinge a idade da razão. Mas o sinal de abertura para a vida de comunhão se destaca na aproximação da criança ao altar recitando a oração do pai-nosso. Contudo, as Igrejas de rito oriental mantiveram a importância de dar a comunhão eucarística aos novos batizados e fazer a confirmação, mesmo que ainda sejam crianças. Para tanto, os sacerdotes orientais lembram as próprias palavras de Jesus: "'Deixai as crianças virem a mim. Não as impeçais, pois delas é o Reino de Deus [...]'" (Marcos, 10: 14). A celebração do rito do batismo é concluída com a **bênção solene**. Toda pessoa que ainda não tenha sido batizada pode receber o batismo.

Quem ministra o sacramento do batismo são os bispos, os presbíteros e os diáconos (esses últimos podem ministrar somente na Igreja latina). Mas, em alguma situação especial, segundo a Santa Sé (1992, n. 1256), toda pessoa pode batizar alguém, com a condição de que batize com a intenção própria de batizar, usando uma simples fórmula trinitária, como: "Eu te batizo em nome do Pai, do Filho e do Espírito Santo", derramando água sobre a cabeça da criança ou do adulto, repetindo, assim, o rito da Igreja. O mais interessante é que aquele que batiza em casos especiais não precisa ser batizado. Isso é possível porque a intenção tanto daquele que pede como daquele que ministra o batismo é a ação e a vontade de Deus que se manifestam nas pessoas para sua salvação. "Deus [...] quer que todos os homens sejam salvos e cheguem ao conhecimento da verdade" (I Timóteo, 2: 4).

No batismo, a criança ou o adulto deve ter padrinho e madrinha. Não é apenas mero costume, pois há um significado maior: além do pai e da mãe, o batizado tem agora um parentesco espiritual com mais pessoas, as quais têm o dever de ajudá-la a crescer na fé (Ribolla, 1990).

Assim como destacado, o batismo e os demais sacramentos são bíblicos. Portanto, jamais devem ser vistos na forma de recortes de texto para comprovação, mas na dinâmica do único e fundamental sacramento: Jesus Cristo, Deus que se fez sinal na encarnação (Ribolla, 1990).

3.2 O sacramento da eucaristia

A eucaristia e o batismo são os principais sacramentos da Igreja. Foram preservados inclusive pela Reforma Protestante, dentro daquilo que cada linha teológica afirma. A eucaristia é o segundo sacramento na lista de recebimento; no entanto, é o principal, é o centro da vida da Igreja. Na eucaristia, os cristãos se reúnem em nome de Jesus e celebram sua presença, sinalizam sua vinda e revivem o mistério da fé cristã na liturgia. Nos primórdios do cristianismo, a eucaristia era o acesso imediato que o batizado recebia. Ser cristão era participar da comunhão do pão e do vinho, e isso era tão importante que aqueles que não estavam na assembleia também deveriam receber a eucaristia, levada por alguém da comunidade, normalmente o diácono (Ribolla, 1990).

Desde o século XX, houve mudanças importantes na Igreja que aparecem de forma clara na vivência da eucaristia. Mudaram-se a **liturgia** e os **nomes**. Os altares passaram a dar lugar às mesas, o padre passou a voltar-se para os fiéis durante a liturgia, a rezar a missa na língua do povo e não mais em latim, bem como foi dado mais destaque ao ato de receber a eucaristia, e não só adorá-la. Nomes do ritual foram alterados: de *sacrifício da missa* para *eucaristia*, de *pré-missa* para *liturgia da palavra*, de *fórmula de transubstanciação* para *relato da instituição*, de celebrante para presidente da celebração. E, com as contribuições dos movimentos ecumênicos, começaram os estudos e as reflexões para uma comunhão eucarística entre as diferentes Igrejas cristãs. No contexto das Igrejas evangélicas, desenvolveu-se a **redescoberta da Santa Ceia**. O ponto histórico dessas mudanças é o Concílio Ecumênico Vaticano II. Para alguns, essas mudanças são sinais de renovação e de experiências novas na fé; para outros, mais preocupados com a tradição, elas significam o risco de a tradição da Igreja se perder, principalmente no uso e na compreensão dos símbolos. O ponto fundamental da reflexão sobre a eucaristia é a tradição bíblica da **ceia do Senhor**, desenvolvida nos temas da teologia eucarística: ação de graças, memória, presença real, sacrifício etc. Desse modo, a base sobre a qual vamos refletir a respeito do sacramento da eucaristia é a fonte primeira da reflexão teológica: a Bíblia.

3.2.1 Comer e beber: por que e para quê?

A comida e a bebida são elementos vitais para o ser humano e satisfazem a necessidade natural de sobrevivência: extrair energia para sustentar o corpo. O alimento conserva e fortalece a pessoa, além de propiciar contato com a natureza, com o mundo. É um contato primário: um dos primeiros atos de nossa vida é a busca pelo alimento. Comer e beber, ou seja, alimentar-se, tem uma dinâmica de relacionamento profunda, pois, para vivermos, precisamos de algo externo a nós, a nosso corpo – não podemos nos alimentar de nós mesmos, ou seja, alimentar-se é depender de algo externo, fora de nós.

Apesar das mudanças culturais de comportamento e dos tipos de alimento, ainda permanece importante a refeição conjunta: o almoço de família ou da empresa, o jantar com os amigos, a festa de aniversário etc. O ato de alimentar-se tem sentido coletivo, comunitário, tanto para os grupos humanos primitivos como para os atuais. Antigamente, comer e beber juntos era um sinal de fortalecimento comum, pois o alimento é fruto de um trabalho conjunto (caça, pesca, plantio, colheita). E algo mais importante aparece aqui: as condições de tempo, espaço e clima para que houvesse alimentos, a boa ou a má colheita – situações que, para as sociedades primitivas, estavam além do controle do ser humano, ou, mais precisamente, estavam sob o controle das forças da natureza, de algo maior, transcendente, dos deuses.

Desse modo, alimentar-se é estabelecer comunhão com os que conseguiram e que precisam de alimento, e com aquele ou aquilo que proporciona o ambiente para a existência e para produção do alimento: o divino, o sagrado, a força criadora etc. Essa comunhão com o sagrado é o ato de reconhecimento, de agradecimento. Comer e beber, ou seja, cear juntos, é, na origem, um ato envolto em significado sacro (Nocke, 2002).

3.2.2 O significado da ceia em Israel

No Antigo Testamento, a **ceia** aparece como sinal de **comunhão**. Em Gênesis (18: 1-8), Abraão, ao receber três homens, oferece a eles hospitalidade e alimento. Em Gênesis (27: 4), Isaque, em agonia de morte, pede aos filhos uma refeição e, após comer, abençoa Jacó. Em outros trechos do Gênesis (14: 18; 26: 30; 31: 54) e do Êxodo (18: 12), os acordos de paz são firmados com o ato de comer e beber juntos. No segundo livro de Reis (25), o rei Joaquim é libertado do cativeiro e senta-se à mesa do rei da Babilônia.

A ceia como sinal de comunhão significa também a **ligação com Deus**. No mesmo texto de Gênesis (18: 1-8), os três homens acolhidos por Abraão são a figura do Senhor. Em Êxodo (18: 12), Jetro faz uma ceia "diante de Deus" com Aarão e os anciãos de Israel. Em Êxodo (24: 11), Moisés e os anciãos comem e bebem depois de firmarem a aliança com o Senhor no Sinai, pois lá puderam vê-lo.

Um detalhe importante: a ceia tem a característica de ser **diante** de Deus, e **não com** Deus. Deus é próximo, aliado, faz aliança, mas é maior, incomparável à situação humana. Deus não come, mas oferece comida.

No Antigo Testamento, encontramos indicações importantes da eucaristia como o **sacrifício**, a **refeição diária conjunta**, a **anamnese (memória)** e o **agradecimento**. Em Êxodo (24: 08), Moisés asperge sobre o altar e sobre o povo o sangue dos bezerros, com o destaque: "este é o sangue da aliança que o Iahweh [Deus] fez convosco". É o mesmo texto da ceia com os anciãos, em que estes puderam ver o Senhor.

Em todas as refeições, até naquelas do dia a dia, celebra-se a ação de Deus em favor do povo por meio da memória (anamnese). O alimento presente na refeição é o sinal concreto da preocupação e do cuidado de Deus para com as pessoas. A memória de gratidão é bem presente em Deuteronômio (8: 7-18):

> Eis que Iahweh teu Deus vai te introduzir numa terra boa: terra cheia de ribeiros de água e de fontes profundas que jorram no vale e na montanha; terra de trigo e cevada, de vinhas, figueiras e romãzeiras, terra de oliveiras, de azeite e de mel; terra onde vais comer pão sem escassez – nela nada te faltará! –, terra cujas pedras são de ferro e de cujas montanhas extrairás o cobre. Comerás e ficarás saciado, e bendirás a Iahweh teu Deus na terra que ele te dará. Contudo, fica atento a ti mesmo, para que não esqueças a Iahweh teu Deus, e não deixes de cumprir seus

mandamentos, normas e estatutos que hoje te ordeno! Não aconteça que, havendo comido e estando saciado, havendo construído casas boas e habitando nelas, havendo-se multiplicado teus bois e tuas ovelhas tendo aumentado, e multiplicando-se também tua prata e teu ouro, e tudo o que tiveres, – que o teu coração se eleve e te esqueças de Iahweh teu Deus, que te fez sair da terra do Egito, da casa da escravidão; que te conduziu através daquele grande e terrível deserto, cheio de serpentes abrasadoras, escorpiões e sede; e que, onde não havia água, para ti fez jorrar água da mais dura pedra; que te sustentava no deserto com o maná que teus pais não conheceram, para te humilhar e te experimentar, a fim de te fazer bem no futuro! Portanto, não vás dizer no teu coração: "Foi a minha força e o poder das minhas mãos que me proporcionaram estas riquezas." Lembra-te de Iahweh teu Deus, pois é ele quem te concede força para te enriqueceres, mantendo a Aliança que jurou aos teus pais, como hoje se vê.

Também em outros trechos do Deuteronômio (12: 7-18; 14: 26; 15: 20; 27: 7), os sentidos de memória e de gratidão estão bem presentes (Nocke, 2002).

O memorial das ações salvadoras de Deus Iahweh (Javé) é bem destacado na festa do *Pessach* (passagem). Originalmente, essa festa é a junção de duas festividades: uma é a festa de grupos nômades que, ao partir de uma região, abatiam um animal pequeno e realizavam uma refeição comunitária; e a outra é a festa da colheita dos agricultores de Canaã, com a preparação do pão ázimo, em que se utilizava o cereal da nova colheita.

Em Israel, a festa do *Pessach* passou a ser relacionada com a saída do povo hebreu do Egito, interligando **ceia**, **sacrifício** e **memória**. Os animais eram sacrificados no Templo, enquanto nas casas se realizava a refeição com o cordeiro imolado e os pães ázimos. Durante a refeição, o chefe da família explicava o motivo dela, que foi realizada no momento em que o povo hebreu saiu do Egito. Tudo envolvido em uma liturgia: comer de pé e preparados para viajar. A refeição era constituída de um cordeiro novo assado com pães ázimos e ervas amargas. O sangue do cordeiro marcava as portas das casas, livrando aquela moradia da destruição que o anjo de Deus efetivaria.

Assim, realiza-se uma participação de quem ouve a história da libertação da escravidão, atualiza-se uma história de salvação e se faz o agradecimento, o louvor, a exaltação àquele que libertou as pessoas da escravidão e os conduziu à liberdade. O Antigo Testamento prefigura o Novo, em que Jesus é o cordeiro que morre para a libertação do ser humano.

O *Pessach* tornou-se para os israelitas um motivo de esperança, não apenas de recordar o que aconteceu, mas de acreditar naquilo que Deus poderia fazer no presente e no futuro. Esse sentido escatológico aparece no tempo pós-exílico e, ainda, no período posterior à destruição de Jerusalém em 70 d.C., sempre renovando a esperança da libertação. Uma passagem fortemente metafórica relacionada à ceia é encontrada em Isaías (25: 6): "Para todos os povos [...] um banquete", apresentando o reino esperado em Deus. Relacionado ao cálice eucarístico, há o símbolo do copo cheio servido ao hóspede, como sinal de alegria (Salmos, 23: 5); ou também o cálice do sofrimento (Marcos, 10: 38; 14: 36; João, 18: 11) (Nocke, 2002).

Na prática de Jesus, a comunhão de mesa é o ato simbólico ao qual mais se faz referência nos Evangelhos. Para alguns, cear com Jesus é visto como um convite importante; outros enxergam nisso um escândalo, em virtude das pessoas que cercam Jesus para a refeição. Em Lucas (15: 2), lemos: "Os fariseus e os escribas, porém, murmuravam: 'Esse homem recebe os pecadores e come com eles!'"; e, em Marcos (2: 16): "Os escribas dos fariseus, vendo-O comer com os pecadores e os publicanos, diziam aos discípulos dele: 'Quê? Ele come com os publicanos e pecadores?'". Em Marcos (2: 17), durante a ceia com publicanos e pecadores na casa de Levi, observado e criticado por escribas, Jesus anuncia a que veio ao mundo: "'eu não vim chamar justos, mas pecadores'". Em Lucas (7: 36-50), em um jantar na casa de Simão, o fariseu proporciona o encontro de Jesus com uma mulher pecadora: para ela, é a chance de perdão; para Simão, a oportunidade de mudança de ótica[10].

Os atos de Jesus, seus discursos, as parábolas e a ceia são símbolos metafóricos do Reino de Deus que está chegando. Em Mateus (8: 11), Jesus retoma a esperança do Antigo Testamento sobre a reunião dos povos para o banquete; já em Mateus (22: 1-10), Jesus apresenta, na Grande Ceia, a esperança para aqueles que estão marginalizados, e alerta aos que já foram chamados que estes podem perder o jantar. Em Lucas (15: 11-32), na parábola do pai misericordioso, Jesus mostra o sentido de sentar-se à mesa com os pecadores, e que a maior justiça é a alegria pelo resgate daquele que está perdido. Em Marcos (10: 38), sobre o desejo dos filhos de Zebedeu de sentarem-se à direita e à esquerda de Jesus, este fala do cálice do sofrimento e que a comunhão na mesa do Reino de Deus exige luta e sacrifício, não privilégios. Em Lucas (14: 7-24), Jesus remete à ceia (banquete do reino) para falar da importância das pessoas, mais do que da importância dos lugares. O valor da pessoa aparece na comunhão da mesa na perspectiva do reinado de Deus, no qual há a presença daqueles que até então não eram dignos de participar da mesa, os "pobres, aleijados, coxos e cegos" (Nocke, 2002).

---

10 A resistência provocada pela comunhão de mesa de Jesus com os pecadores e sua inflexível defesa dessa comunhão revelam que esse sinal não significa apenas solidarização e reconciliação, mas também luta e disposição para assumir riscos (Nocke, 2002).

A **última ceia** tem o sentido de resumo e de finalidade da vida de Jesus. Naquele momento, Jesus testemunhou de forma definitiva sua missão: viver e falar da preocupação do cuidado de Deus para com o mundo, mostrar a **dispensação** de Deus para com a humanidade e afirmar que o Reino de Deus está presente. Cada comunhão de mesa que Jesus realizou era um sinal dessa missão. A última ceia mostra que a morte de Jesus estava próxima, pois ali mesmo ele anunciou e confirmou que a consequência de sua missão era seu aniquilamento. O detalhe importante destacado por Marcos (14: 17-21) e João (13: 21-30) é a presença de Judas Iscariotes: Jesus, em comunhão de mesa com aquele que o trairia, é o símbolo de dispensação e entrega de si (Nocke, 2002)[11].

Os atos simbólicos de Jesus são ações realizadoras do Reino de Deus. A ceia é de **despedida**: resumo da vida de Jesus e testamento de compromisso para com os discípulos – compromisso destacado principalmente por Lucas (22: 14-38) e João (13-17). Mas a ceia é também o sinal do **banquete da vida**, tem significado escatológico (Marcos, 14: 25; Lucas, 22: 15-18; I Coríntios, 11: 26). Nas comunidades do Novo Testamento, a prática da ceia de Jesus está ligada à última ceia, a "Ceia do Senhor"

A última ceia tem o sentido de resumo e finalidade da vida de Jesus. Naquele momento, Jesus testemunhou de forma definitiva sua missão: viver e falar da preocupação do cuidado de Deus para com o mundo, mostrar a dispensação de Deus para com a humanidade e afirmar que o Reino de Deus está presente.

---

11 "Com todo o ato da Ceia Jesus se entrega às mãos dos discípulos, e isso no sentido duplo de *doar-se* e *entregar-se*. O pão que Jesus distribui no início da Ceia, a exemplo de todo chefe de família judeu, e o cálice que oferece são, por assim dizer, sinal no sinal, símbolos reais concentrados de autodoação e da autoentrega. 'Tomai, isto é meu corpo. [...] Isto é meu sangue' (Marcos, 14: 22-24) 'Corpo' e 'Sangue' não significam elementos, e, sim, todo ser humano vivente, sendo que 'corpo' lembra especialmente o eu concreto, e 'sangue', sobretudo a vida, o 'sangue derramado', porém, a entrega da vida" (Nocke, 2002, p. 246).

Sacramentos da iniciação cristã

(I Coríntios, 11: 20) ou o "partir do pão" (Atos, 2: 42-46; 20: 7-11; Lucas 24: 30-35; I Coríntios, 10: 16). O ambiente da ceia é a comunidade reunida no final do último dia da semana (João, 20: 19-26; I Coríntios, 16: 2). A reunião é marcada pela conversa sobre a vida em comunidade e sobre os necessitados; pela pregação, ou seja, os salmos, os discursos, os ensinamentos e a memória da vida de Jesus; pela partilha do pão e pela distribuição do cálice, com a o pronunciamento das palavras ditas por Jesus na última ceia.

Paulo apresenta o retrato ideal de comunidade: comunhão fraterna, sem diferença entre ricos e pobres, ao contrário do que estava ocorrendo na igreja de Corinto (I Coríntios, 11: 20-22). Em Paulo, o termo *reunir* é central para falar da comunidade. Esse *reunir* precisa ser autêntico, não pode haver contraste entre membros ricos da comunidade, que ceavam antes dos outros, e pobres, prática que representava um desprezo por uma parte da comunidade; esse não é o exemplo de uma comunidade reunida em nome do Senhor, mas um modo indigno de tomar a ceia. A Primeira Epístola aos Coríntios traz uma relação muito clara entre teoria e prática para a comunidade cristã.

Para Paulo, o pão que é comido e o vinho que é bebido remetem à ceia em que estava presente Jesus, o qual entregou sua vida. O cear é, então, participar no corpo de Cristo, que é sua comunidade (I Coríntios, 12: 12-27). O pão e o vinho são os símbolos que sinalizam o cear, ato que significa concretamente a **comunhão eclesial**. "O cálice de bênção que abençoamos não é comunhão com o sangue de Cristo? O pão que partimos não é comunhão com o corpo de Cristo? Já que há um único pão, nós, embora muitos, somos um só corpo, visto que todos participamos desse único pão" (I Coríntios, 10: 16-17). Nesse sentido, há o entrelaçamento de três elementos na figura do corpo de Cristo: o **pão**, o **partir do pão** e a **comunidade**. O termo de ligação é grego – *koinonia*: comunhão por participação – ou seja, comer o pão e beber o vinho em comum, juntos, faz com que os fiéis tenham comunhão com Jesus, que foi crucificado e depois ressuscitado[12].

As palavras sobre o cálice têm aspecto sacrifical: "Do mesmo modo, após a ceia, também tomou o cálice, dizendo: 'Este cálice é a nova Aliança em meu sangue; todas as vezes que dele beberdes, fazei-o em memória de mim'" (I Coríntios, 11: 25); "E, depois de comer, fez o mesmo com o cálice, dizendo: 'Este cálice é a Nova Aliança em meu sangue, que é derramado em favor de vós'" (Lucas, 22: 20); "E disse-lhes: 'Isto é o meu sangue, o sangue da Aliança, que é derramado em favor de muitos'" (Marcos, 14: 24); "pois isto é o meu sangue, o sangue da Aliança, que é derramado por muitos para remissão dos pecados" (Mateus, 26: 28). As palavras indicam a aliança e o sangue derramado e referem-se à morte de Jesus na cruz. A Nova Aliança remete à superação da necessidade de intermediação do sacerdote do templo, indo em direção à transformação interior de cada pessoa, para a lei, no coração: o verdadeiro culto é aquele prestado no novo coração do homem (Jeremias, 31: 33).

Mais do que referência ao sangue derramado, a palavra *morte* tem ligação com o termo grego *paradidonai*: **entregar** (I Coríntios, 11: 23), expressando a ação ativa de Deus, que entregou seu filho por todos os homens (Romanos, 8: 23), e do próprio filho, que se entregou pelos homens (Gálatas, 2: 20). João expressa o sentido da morte de Jesus com *paredoken to pneuma*: **entregou seu espírito** (João, 19: 30). A ceia acontece como sinal da entrega de Jesus em amor, e essa entrega o torna vulnerável. A ceia anuncia a morte de Jesus, fazendo deste uma memória daquela. É um memorial (*Pessach*), em que o tempo que passou e o atual se fundem. A entrega de Jesus na

---

12 "Corpo de Cristo é, portanto, sobretudo uma realidade pessoal-dinâmica: comunhão com Cristo na comunhão entre os fiéis, realizada simbolicamente no partir do pão e no compartilhar o cálice" (Nocke, 2002, p. 250).

ceia eucarística envolve aqueles que participam dessa entrega por meio do engajamento na vida de Cristo.

A ceia é a experiência da ressurreição. Ao partir o pão, os cristãos passam pela experiência de que o Jesus crucificado agora está ressuscitado, está próximo, mas de uma maneira diferente. O texto mais indicativo sobre isso está em Lucas (24: 13-35), que fala sobre o caminho de Emaús, onde ocorre uma experiência da ressurreição que passa pelo processo de reconhecer Jesus ressuscitado: primeiro, estão os discípulos resignados pela morte de Jesus; então, o diálogo com um estranho traz a luz que emana das Escrituras (que faz arder o coração) e leva ao **reconhecimento** no partilhar do pão. Ocorreu o mesmo quando Jesus apareceu próximo ao Lago de Tiberíades em João (21: 1-14): a pesca estava frustrante; um estranho o chama para comer e, no diálogo com Pedro, Jesus ressuscitado se revela. Essa narrativa traz elementos centrais da teologia eucarística do Novo Testamento:

> *A Celebração Eucarística é a memória realizadora da ressurreição do Crucificado. [...] o 'partir do pão' não se distingue expressamente da cotidiana refeição comum. Os limites permanecem fluentes. Isso sublinha a inter-relação entre a Celebração Eucarística e a comunicação comunitária. [...] no encontro de pessoas, na reunião da comunidade convocada pelos discípulos, no partir do pão o Jesus crucificado se faz presente vivo na experiência das pessoas reunidas: elas o reconhecem como verdadeiro hospedeiro, como o que convida, congrega, que as transforma e as envolve em sua missão.* (Nocke, 2002, p. 252)

A ceia é o sinal da história da salvação presente e futura, é escatológica. A ceia de Jesus na tradição israelita e a ceia do Senhor celebrada pela Igreja são sinais da salvação que vem: Paulo mostra Jesus que volta (I Coríntios, 11: 26); Mateus (26: 29), Marcos

(14: 25) e Lucas (22: 15, 18, 30) citam o "beber o fruto da videira [...] no Reino do Pai". Na tradição litúrgica, temos o *Maranatha* na primeira epístola aos Coríntios (16: 22) e no Apocalipse (22: 20), que é uma exclamação de prece e agradecimento – significa tanto que o Senhor vem como que ele já veio. É o "já e ainda não" da eucaristia: o Senhor está conosco e virá para nós.

Em Mateus (26: 28), há a ligação entre a ceia e o perdão dos pecados, "pois isto é o meu sangue, o sangue da Aliança, que é derramado por muitos para remissão dos pecados". E mais: o perdão está ligado à comunidade como seu lugar por excelência, conforme Mateus (18: 15-20). A ceia como comunhão eucarística é a ceia de Jesus, lugar em que acontece a acolhida e a reconciliação.

No Evangelho de João, não encontramos relatos da instituição da eucaristia. Encontramos o trecho do lava-pés durante a última ceia de Jesus no capítulo 13 e um texto eucarístico sobre pão no capítulo 6, em que as palavras *carne* e *sangue* têm destaque: "se não comerdes a carne do Filho do Homem e não beberdes o seu sangue, não tereis a vida em vós" (João, 6: 53). Em João, *carne* é apresentada pelo termo grego *sarx*, referência à matéria, ao palpável. Os versículos de 26 a 58 são o **discurso do pão**, em que Jesus oferece mais que a saciedade do momento: oferece uma vida que não se destrói uma vez unida a ele. **Comer do pão que Jesus oferece é acreditar nele, ter comunhão com ele.**

Nesse sentido, *fome* e *sede* são metáforas do desejo de uma vida nova. O sentido do texto é a eucaristia presente no jogo de palavras: *fome, sede, pão* e *comer*. A comunhão com Cristo é fazer acontecer o mandamento do amor. Mas qual amor? Ora, **o amor ao próximo**, conforme João (13: 34; 14: 21; 15: 10-12). Em João, a comunhão com Cristo está entrelaçada nos termos *crer, cear* e *amar*, com a intenção clara de expressar que a comunhão com Deus se dá no mundo, ou seja, na encarnação (sarx) de Deus na humanidade – por meio de uma fé que encara com muita seriedade esse fato –, na morte na cruz, no amor extremo a cada ser humano. Esse é o sentido do ato de Jesus lavar os pés dos discípulos na última ceia: Jesus humildemente presta um serviço, faz algo pelo outro, e não um discurso sobre sua realidade humana/divina.

3.2.3 O caminho histórico-teológico do sacramento da eucaristia

É a partir do século I que começa uma diferenciação entre a ceia que supre a fome e a sede e a ação eucarística do pão e do vinho. A ceia começa, então, a ter traços característicos para além de um simples ato de comer e beber. A oração de agradecimento sobre o pão e o vinho ganha mais destaque. Ao fim do ano 100 d.C., a celebração da ceia do Senhor assume o nome de *eucharistia*, palavra grega que tem relação com uma boa ação realizada e com a resposta que se dá a essa boa ação. Como verbo, o termo fica *eucharistein*: "presenteado", ou seja, sentir-se como alguém que recebeu um presente.

Na liturgia cristã, o destaque é aceitar de maneira agradecida aquilo que recebemos do alto: Jesus e toda a sua vida e missão. É o **sentido catabático** na liturgia: **de cima para baixo**, ou seja, Deus que age por seu povo. Nem por isso há uma perda de sentido dos termos: *koinonia, partir o pão* e *reunir*-se. A Didaqué[13], no século II, na Síria, já destacava o sentido de reunir-se para a eucaristia:

> Reúnam-se no dia do Senhor para partir o pão e agradecer, depois de ter confessado os pecados, para que o sacrifício de vocês seja puro. Aquele que está de briga com seu companheiro, não poderá juntar-se a vocês

---

13 *Didaqué* (ou *Didaquê*) (2006) é um documento que trata, entre outros assuntos, dos preceitos do início da Igreja cristã.

antes de se ter reconciliado, para que o sacrifício que vocês oferecem não seja profanado. (Didaqué, 2006, 14: 1-2)

A presidência da eucaristia nos primeiros tempos da Igreja estava ligada aos profetas que manifestavam os dons do Espírito Santo e por ele tinham suas vidas guiadas (Didaqué, 2006, 10: 7; 11: 7). Com a institucionalização das comunidades, esses profetas tiveram seu papel encoberto pelos bispos e diáconos (Didaqué, 2006, 15).

No século II, já havia uma mudança na recepção da comunhão, ligada à realidade dos que precisavam de reconciliação para poder participar da ceia. Teve início a prática de reservar o pão da eucaristia e as tendências espiritualizantes que tornavam relativa a participação física na comunhão.

No momento em que a Igreja, sob o governo do imperador Constantino, passou de perseguida a religião oficial do Império Romano, transformações importantes influenciaram a compreensão da eucaristia, refletindo nas formas litúrgicas de sua celebração. A celebração da eucaristia ganhou um caráter de culto público. A figura dos bispos com uma sede (trono) foi destacada e a celebração teve um deslocamento da mesa de comunhão para o altar. Tornou-se mais comum adiar por muito tempo o batismo e a comunidade dividia-se entre os batizados e os não batizados. O destaque teológico estava na **contemplação** via liturgia oficial, estabelecida. A tradição grega sistematizou a anamnese: a eucaristia é a **memória que traz presente** a vida de Jesus com sua história desde a encarnação até a morte. Houve um intenso esforço em desenvolver termos que sustentassem o princípio da **presentificação**: imitação (*mimesis*), figura (*eikon*), imagem (*typos*), parábola (*homoioma*) e símbolo (*symbolon*).

Entre os representantes da tradição latina da Igreja, as contribuições principais foram de Ambrósio de Milão e Santo Agostinho. Ambrósio investiu no destaque da **transformação das oferendas**, ou seja, as palavras de Cristo quando proferidas têm o efeito fundamental sobre o pão e o vinho. Para Santo Agostinho, a ênfase está na **inter-relação** do **pão**, representando o corpo de Jesus aqui na terra, e a **comunhão da igreja**. Segundo Santo Agostinho, Cristo subiu ao céu e está entre os homens por eles serem seu corpo como igreja, como comunhão de crentes.

Nos séculos posteriores, sobretudo na Idade Média, as discussões sobre a presença de Jesus na eucaristia acarretaram posturas radicais. Para entendê-las, é importante termos presentes os principais eventos desse período relativos ao entendimento da eucaristia:

- Houve maior desenvolvimento da ideia de veneração do sagrado.
- A oração da eucaristia perdeu a ênfase na proclamação, mas se fixou no caráter velado: o sacerdote passou a pronunciar as palavras interpretativas em voz baixa.
- Ocorreu a substituição do pão pela hóstia.
- Enfatizou-se o aspecto unilateral do pão eucarístico como um remédio e destacou-se excessivamente a contemplação da hóstia e do cálice ao serem elevados ao toque das sinetas.
- Comungou-se pouco e adorou-se bastante a eucaristia dentro da "custódia" do local onde se guardava o pão eucarístico.

Por esses motivos, o ponto crucial de debates sobre a eucaristia foi em torno da **transubstanciação do pão e do vinho**, girando sob as alternativas de **imagem** ou de **realidade** sobre a presença de Jesus na eucaristia. Controvérsias surgiram:

- Radberto (785-865), abade de Corbie, destacou de forma agostiniana a identidade do corpo de Cristo na eucaristia com a realidade terrena desse mesmo corpo. **A transubstanciação é espiritual, figurativa.** Essa era uma discussão restrita aos mosteiros.
- Berengário de Tours (999-1088) afirmava que **pão e vinho são símbolos da presença de Cristo**, ele mesmo está junto a Deus, até o momento de sua volta. Foi condenado pela Igreja de Roma ao adotar uma posição realista: na eucaristia, o corpo e o sangue de Jesus estão presentes e são recebido pelos fiéis.
- Guitmundo (?-1085) trabalhou com os termos aristotélicos *substância* e *acidentes*. **A substância se transforma, os acidentes (cheiro, gosto e cor) não.** Isso criou a base para a doutrina da transubstanciação, segundo a qual muda a essência, mas não a aparência. Contribuiu, assim, para o conceito de **sinal real** (pão e vinho) e **realidade sinalizada** (corpo e sangue).

Esse foco na questão das oferendas do pão e do vinho e sua transformação obscureceu o sentido da ceia como um todo, ou seja, tornou a compreensão de sacrifício, de certa forma, deficiente. Santo Tomás de Aquino contribuiu com profundidade ao lembrar o aspecto de **sacrifício**, que ele relacionou à **consagração** e ao aspecto **sacramental**, retomando a importância da recepção. São elementos de reflexão importantes que abriram para outras direções as reflexões teológicas da Reforma Protestante.

Sacramentos da iniciação cristã

A Reforma Protestante desenvolveu o interesse teológico na integridade da ceia do Senhor. As principais críticas giravam em torno de uma reflexão sobre o uso da expressão *Santa Ceia* em oposição ao termo *missa*, e de discussões sobre os temas do sacrifício, da presença real e do não acesso dos leigos ao cálice.

Os reformadores rejeitaram a ideia de sacrifício da missa, entendida como o sacrifício da cruz sendo repetido, contrariamente ao que as Escrituras apresentam em Hebreus (7: 27; 9: 12; 10: 10). "Ele não precisa, como os sumos sacerdotes, oferecer sacrifícios a cada dia, primeiramente por seus pecados, e depois pelos do povo. Ele já o fez uma vez por todas, oferecendo-se a si mesmo" (Hebreus, 7: 27). Sobre a presença real, os reformadores variavam em suas afirmações: Lutero defendia a presença real com base no próprio texto das Escrituras, em que Jesus afirma "isto é meu corpo", e usa as fórmulas *em*, *com* e *sob* os elementos pão e vinho. Ulrico Zuínglio (1404-1531), por sua vez, destacava a **transformação que Cristo realiza no fiel**, mediante sua natureza divina presente na ceia. Já João Calvino não afirmava a ligação de Cristo ao pão no sentido de presença corporal. **Não é Cristo que vem; ele leva os fiéis para perto dele pela ação do Espírito Santo.** Sobre o cálice para os leigos, prática não adotada na Idade Média, os reformadores entenderam como uma desobediência ao próprio Cristo, que, em Mateus (26: 27), diz: "Bebei dele todos". O Concílio de Constança (1414-1418) afirmou a **concomitância**: o corpo e o sangue do Senhor estão presentes tanto no pão como no vinho; ao ingerir um dos elementos, recebe-se Cristo por inteiro.

O Concílio de Trento instituiu reformas para combater as práticas supersticiosas com regras e punições. Nas questões teológicas, o método de reflexão baseou-se na **defesa** e na **diferenciação**, fixando-se na apologia às verdades da fé. O Concílio Ecumênico de

Trento reafirmou o caráter sacrifical da ceia, enfocando a **representação**, a **memória** e a **dispensação**, excluindo a ideia de repetição do sacrifício de Cristo e defendendo as doutrinas da **presença real** e da **transformação da essência**. Quanto à participação dos leigos no cálice, reafirmou a **doutrina da concomitância**: receber o corpo de Cristo é receber também o seu sangue.

O século XX representou um momento significativo na liturgia e nas questões ecumênicas relacionadas à eucaristia[14]. Na atualidade, a teologia ganhou a possibilidade de adotar uma reflexão holística, o que permite agrupar melhor os aspectos do sacrifício e da presença real de Cristo sob a perspectiva da ceia como um evento sacramental.

3.2.4 Refletindo para a atualidade

A eucaristia é pascal, é a celebração da Páscoa e acontece historicamente na comemoração da Páscoa judaica. Sobretudo, a eucaristia é libertação pelo sacrifício de Jesus na cruz, que traz a vida nova, a libertação do pecado. É o mistério que se vive na fé, é a única garantia, é a fé que se vive em comunidade.

Nos sete sacramentos, Jesus está presente pelos sinais e pela ação de quem os administra. Na eucaristia, a presença de Jesus é em substância: corpo e sangue. O pão e o vinho não são mais apenas pão e vinho: tornam-se o corpo da glória do Filho de Deus.

---

14 "O movimento litúrgico redescobriu a importância dos sinais e, sobretudo, o caráter de Ceia da missa. O Concílio Vaticano II (1962-65) superou o estreito conceito de presença real ao falar da presença de Cristo não somente em pão e vinho, mas também nos outros sacramentos, na palavra da pregação e (com referência expressa a Mt, 18: 20) na comunidade reunida (cf. SC 7). E ele introduziu reformas com o objetivo da 'plena, cônscia e ativa participação' de todo povo (*totius Populi plena et actuosa participatio*: SC 14)" (Nocke, 2002, p. 262).

Nos demais sacramentos, Jesus, mediante palavras, sinais e elementos, age na comunidade e na pessoa; na eucaristia, ele mesmo se faz "algo", presentifica-se (Ribolla, 1990).

A teologia eucarística tem características fundamentais para descrever o sacramento:

> "No sinal da comunhão de mesa a comunidade celebra, em gratidão, a memória da história salvífica, a vinda de Jesus Cristo que, por meio do Espírito Santo, se doa a si mesmo em pão e vinho, concede aos congregados participação no sacrifício de sua vida e faz da celebração um prenúncio da consumação". (Nocke, 2002, p. 263)

O sinal fundamental da eucaristia é a comunhão de mesa. O pão e o vinho são partilhados, assim como está nas palavras "Tomai e comei [...] bebei!", conforme Mateus (26: 26-27). A ceia do Senhor, a eucaristia (I Coríntios, 11: 20), tem raiz na tradição israelita, no cear que une o povo a Deus. Nas ceias de Jesus estão os sinais realizadores do Reino de Deus. Na última ceia, Jesus condensou o significado de sua morte na entrega extrema e na experiência da ressurreição de que os seguidores participaram no partir do pão, conforme Lucas (24: 35). A ceia é sempre sinal de aliança[15].

A eucaristia é o **centro da fé cristã** e o seu ponto alto é a **autocomunicação** de Deus por meio de Jesus Cristo. Liturgicamente, é fundamental que todo participante coma e beba da eucaristia, característica básica de um sinal completo da ceia do senhor. Isso lança a eucaristia em seu significado social: pelo próprio sentido dela, não há como ficar alienado da injustiça e da desigualdade presentes na sociedade.

---

15 "A aliança de Deus com os homens se realiza quando homens e mulheres se aliam entre si. No comer e beber em comum se recebe a vida, celebra-se a aliança que possibilita a vida" (Nocke, 2002, p. 263).

Receber a comunhão é um aspecto indispensável da eucaristia. É o lugar por excelência do agradecimento, da ação de graças. Agradece-se pelo pão, pelo vinho e pela história de Deus com seu povo. Os que celebram a eucaristia são envolvidos na gratidão, na ação de Deus em suas vidas. A gratidão leva o cristão a uma postura específica diante da própria criação: ele é um cuidador, não um devastador.

Na oração eucarística após a narrativa da instituição, há um gesto de acolhida da comunidade: "Anunciamos, Senhor, a tua morte." Fazendo a memória (anamnese) do que Jesus fez, realiza-se ao mesmo tempo **a gratidão e o anúncio – é a memória grata e presentificadora**. Na anamnese, o que aconteceu **outrora** e **hoje** se agrupa, funde-se[16]. Na eucaristia, os cristãos se encontram realmente com Jesus e sua vida: encarnação, servo do Senhor, ministério, ensino, sofrimento, sacrifício, ressurreição, ascensão e vinda do Espírito Santo.

A eucaristia como gratidão e memória é a celebração da vinda de Cristo. Ele, pela ação do Espírito Santo, é o **sujeito** da eucaristia. Jesus vem aos cristãos na eucaristia. É o Senhor exaltado, que tem em si as marcas de sua vida e, quando se celebra a presença daquele que ressuscitou, celebra-se igualmente toda a sua vida, o seu amor pela humanidade e o sacrifício que esse amor custou. Experimentar a ressurreição do Senhor é participar de sua vinda, o que dá a coerência dos temas da **presença real** e do **sacrifício** na eucaristia. Em João (20: 19-22), há o encontro dos discípulos com o ressuscitado ao entardecer do primeiro dia da semana, com Jesus

---

16 "Toda memória humana traz para o presente coisas do passado. Assim, por exemplo, em tempos de opressão, a narrativa dos tempos da liberdade pode levar à memória transformadora, a recordação do começo de um amor pode trazer esse começo para o presente e reavivar a relação [...] como no *pessach* judaico a saída da escravidão e da terra estranha se torna realidade para os celebrantes de hoje, assim a história 're-lembrada' se torna presente na Eucaristia: a última Ceia de Jesus e a dispensação de Deus a seu povo ocorrida na história, resumida simbolicamente nesta Ceia, desde o êxodo do Egito até o ressuscitamento de Jesus" (Nocke, 2002, p. 265).

Sacramentos da iniciação cristã

mostrando a eles as mãos e o lado do corpo; em João (21: 13), na oferta do pão, Jesus veio e tomou o pão – esses são dois exemplos das Escrituras sobre o sentido da vinda do Senhor ressuscitado[17].

Participar da ceia do Senhor é participar de sua entrega; o próprio Senhor atrai os cristãos para sua entrega de amor. Os fiéis prendem-se a Jesus e à sua vida e crescem dentro da história da vida dele. Participar da ceia é participar do sangue do Senhor, conforme I Coríntios (10: 16). A comunhão de mesa tem um preço alto: luta, dor e morte em nome do amor. O cálice da nova e eterna aliança é o cálice do sofrimento[18].

A ceia é transformação. O pão e o vinho são os significados da entrega de Jesus, de sua autodoação, e quem participa do pão e do vinho – corpo e sangue – forma um só corpo com o Senhor. Os que estão congregados se tornam a ceia do Senhor, as pessoas reunidas são transformadas. Desloca-se do egoísmo humano para a comunhão divina, o Pai que entrega o Filho, este que se doa ao Pai e irmana todas as pessoas no movimento de entrega[19].

---

17 "A vinda é, como toda autocomunicação pessoal, um processo dinâmico: Cristo entra na roda dos que estão reunidos em seu nome, no anúncio da Palavra, na anamnese da última Ceia, no partir do pão, na distribuição das oferendas" (Nocke, 2002, p. 266).

18 "Sinal sacramental do sacrifício é o repartir de pão e vinho: Cristo se doa a si mesmo, as pessoas que repartem pão e vinho deixam envolver-se no movimento de sua entrega. A coerência interior entre Ceia e sacrifício se reconhece, quando se vê a relação entre amor e morte. Amar significa ousar entregar-se, a entrega da vida. Nesse sentido o amor tem afinidade com a morte, conquanto morrer pode ser entendido como derradeira consequência de uma vida de entrega" (Nocke, 2002, p. 267).

19 "(*Corpus Christi mysticum* = a Igreja unificada no corpo de Cristo) como verdadeiro efeito da graça do sacramento (*res sacramenti*). A partir do efeito transformador da vinda de Cristo também se pode interpretar a relação entre Santa Ceia e perdão dos pecados: sua vinda transforma a congregação em lugar da reconciliação, os congregados, em pessoas reconciliadas." (Nocke, 2002, p. 267).

A ação do Espírito Santo é uma fala essencial na eucaristia, nos aspectos fundamentais da transformação das oferendas e da presença de Cristo. Quem celebra a eucaristia o faz sob a moção do Espírito Santo, que age transformando a reunião e os reunidos. A partir do Concilio Vaticano II, a invocação do Espírito Santo, ou seja, a epiclese na oração eucarística, foi resgatada, reaproximando o sentido da ceia com a liturgia da Igreja oriental, a qual sempre destacou a ação do Espírito Santo na liturgia eucarística. Esse destaque à ação do Espírito Santo na eucaristia trouxe mais abertura ao diálogo com a teologia reformada[20].

A ceia é o **prelúdio da consumação**: além de tornar presente e realizador o que outrora aconteceu, ela direciona ao futuro, é escatológica, sinal do que virá. Isso ocorre no anúncio feito logo após a narrativa da ceia: "Vinde, Senhor Jesus". No Antigo Testamento, a ceia tem indicação de paz, retorno dos perdidos, consolação, acolhida e irmanação. No Novo Testamento, os Evangelhos Sinóticos e Paulo,

A eucaristia é celebrada na perspectiva da esperança, na indicação do que deve ser o mundo: louvor e oferta a Deus, comunhão entre os seres humanos, justiça, amor e paz.

na primeira epístola aos Coríntios, têm presente a exclamação "até que ele venha" e "Maranatha![21]" (I Coríntios, 11: 26; 16: 22). A eucaristia é celebrada na perspectiva da esperança, na indicação do que deve ser o mundo: louvor e oferta a Deus, comunhão entre os

---

20 "A Declaração de Convergência de Lima descreve o papel do Espírito Santo 'como o que atualiza e vivifica as palavras históricas de Cristo'. Com isso se torna claro 'que a Eucaristia não é um ato mecânico mágico, e sim, uma oração dirigida ao Pai, que acentua que a Igreja depende totalmente dele.'" (Nocke, 2002, p. 269).

21 *Maranatha* (ou *maranata*), segundo o dicionário Houaiss, "conjectura-se ser 'nosso Senhor chega' ou 'ó nosso Senhor, vós viestes'" (Houaiss; Villar; Franco, 2009).

seres humanos, justiça, amor e paz. A eucaristia tem caráter **provocador e transformador**, mostra o que está por vir, sustenta-o agora e transforma a realidade. A Igreja, ao celebrar a eucaristia, dá testemunho pela palavra e pela ação da presença do Senhor. A Igreja é reunião e comunhão de grupos, de pequenas comunidades que formam comunidades maiores, que perseveram dia após dia, como nos lembra o livro de Atos (2: 46).

3.3 O sacramento do crisma

O crisma faz parte dos sacramentos de iniciação cristã e tem relação direta com o batismo. O Catecismo da Igreja Católica apresenta o crisma com o termo *confirmação*.

> *A Confirmação completa a graça baptismal; ela é o sacramento que dá o Espírito Santo, para nos enraizar mais profundamente na filiação divina, incorporar-nos mais solidamente em Cristo, tornar mais firme o laço que nos prende à Igreja, associar-nos mais à sua missão e ajudar-nos a dar testemunho da fé cristã pela palavra, acompanhada de obras.* (Santa Sé, 2016, n. 1316)

A partir do Concílio Vaticano II, esse sacramento ganhou destaque e maior atenção teológica e pastoral. Existem diferentes reflexões sobre o sentido exato do sacramento do crisma: **sacramento da maioridade**, do **fortalecimento na fé** e da **concessão do Espírito Santo**. Na Bíblia, não há de forma clara um rito para receber o Espírito Santo, mas há referências diversas para a prática da Igreja.

3.3.1 O que diz a Bíblia?

O Espírito Santo está presente no evento batismal (Atos, 2). **Batizar** e **impor as mãos** são citados com um rito único (Hebreus, 6: 2); João refere-se ao nascer da "água e do espírito" (João, 3: 5). Existem citações de batismo em que não aparece claramente a imposição de mãos (Atos, 2: 38; 10: 44-48), mas há citações em que o recebimento do Espírito é destacado na imposição de mão dos apóstolos: "Então começaram a impor-lhes as mãos, e eles recebiam o Espírito Santo" (Atos, 8: 17); "E quando Paulo lhes impôs as mãos, o Espírito Santo veio sobre eles: puseram-se então a falar em línguas e a profetizar" (Atos, 19: 6).

Existe uma citação em que não aparece o recebimento do Espírito Santo no batismo, mas é descrita uma imposição de mãos pelos apóstolos, explicitando a necessidade pós-batismal depois da ação missionária de Felipe na Samaria.

Os apóstolos, que estavam em Jerusalém, tendo ouvido que a Samaria acolhera a palavra de Deus, enviaram-lhes Pedro e João. Estes, descendo até lá, oraram por eles, a fim de que recebessem o Espírito Santo. Pois não tinha caído ainda sobre nenhum deles, mas somente haviam sido batizados em nome do Senhor Jesus. Então começaram a impor-lhes as mãos, e eles recebiam o Espírito Santo. (Atos, 8: 14-17)

No que diz respeito à imposição das mãos, a teologia escolástica intuiu uma ação reservada aos apóstolos. Contudo, o contexto é mais amplo, pois a prática desse rito pelos apóstolos no contexto bíblico está ligada à necessidade do estabelecimento da comunhão com a comunidade, cuja raiz está na Igreja primitiva em Jerusalém. Para Lucas, a questão central é a ligação da imposição das mãos com os apóstolos no que se refere à comunhão com a Igreja (Atos 8: 14-17).

Na tradição bíblica, a imposição das mãos tem destaque fundamental no momento em que se desenvolvem os primeiros grupos comunitários do Novo Testamento, mas as Escrituras testemunham mais sobre o ato de impor as mãos.

A imposição das mãos está ligada a significados importantes: transmitir vida, poder, força, benção (Gênesis, 48: 14; Marcos, 10: 13-16), cura (Marcos, 5: 23; 6: 5; 16: 18; Atos, 28: 8) e comissionamento (Números, 27: 15-23; Deuteronômio, 34: 9; Atos, 6: 1-6; I Timóteo, 4: 14; 5: 22; II Timóteo, 1: 6).

Outro elemento importante é a **unção** com óleo. Nas lutas, os contendores passavam óleo em seus corpos para dificultar que o adversário os segurassem. Em Israel, os reis eram ungidos (Êxodo, 29: 7; Levítico, 4: 3; I Samuel, 16: 1-13; II Samuel, 2: 4). O Salmo 22 fala do ungido de Deus, que é o título do Salvador esperado pelos israelitas e, ainda, a unção é relacionada ao dom do Espírito (I Samuel, 16: 13; II Samuel, 23: 1s). No Novo Testamento, lemos: "Aquele que nos fortalece convosco em Cristo e nos dá a unção é Deus, o qual nos marcou com um selo e colocou em nossos corações o penhor do Espírito" (II Coríntios, 1: 21-22). Ainda: "Quanto a vós, a unção que recebestes dele permanece em vós, e não tendes necessidade de que alguém vos ensine; mas como sua unção vos ensina tudo, e ela é verdadeira e não mentirosa, assim como ela vos ensinou, permanecei nele" (I João, 2: 27). **A unção, assim, torna-se sinal para o recebimento do Espírito Santo.**

O **selo do crisma**, ou seja, o sinal que o bispo faz na fronte do crismando, está relacionado ao sentido de deixar uma marca. No contexto israelita, a circuncisão era a marca da aliança.

3.3.2 O caminho histórico-teológico do sacramento do crisma

Desde a Igreja primitiva, a concessão do Espírito Santo sempre foi entendida como relacionada ao batismo. O que aparece na prática eclesial é seu desdobramento em mais ritos, mas sempre, como dissemos, relacionada ao batismo. O batismo seguido pela imposição das mãos é testemunhado por Hipólito (170-235), em Roma, e Tertuliano (160-220) e Cipriano (200-258), na África, por exemplo. Nos ritos orientais, há a imposição das mãos do presbítero no banho batismal, conforme João Crisóstomo (347-407) e, ainda, a unção com o óleo do crisma (*myron*). A separação ritual entre o batismo e a imposição das mãos é identificada a partir do século IV, no Ocidente. Três motivos intensificam essa separação:

- As crianças eram batizadas cada vez mais cedo, em virtude do peso teológico dado à doutrina do pecado hereditário.
- A Igreja passou a admitir a comunhão dos hereges batizados via imposição das mãos pelo bispo.
- O aumento do número de comunidades exigia a atuação dos bispos, que passaram a reservar para si a imposição das mãos como símbolo de **unidade** e **confirmação** na fé daqueles que congregavam as diferentes igrejas. Disso nasceu o uso da ideia de confirmação na fé.

As igrejas do Oriente mantiveram o rito de iniciação de forma integral: batismo, crisma e eucaristia. O presbítero unge o iniciando com o óleo consagrado pelo bispo.

Durante a história da Igreja, houve um esforço teológico para fundamentar a função específica do sacramento do crisma. Temas relevantes surgiram: a **plenitude da vida cristã, o envio e o testemunho da fé, o fortalecimento**. Segundo a teologia escolástica, o batismo existe para o perdão dos pecados, enquanto o crisma existe para fortalecer a fé. Boaventura (ca. 1221-1274) atribui o sacramento a uma instituição apostólica; já Santo Tomás de Aquino remete à promessa de Cristo do envio do Espírito Santo.

No contexto da Reforma Protestante, houve uma reação forte, e o crisma passou a ser entendido como algo que desvalorizava o batismo e supervalorizava o controle dos bispos. De acordo com as reflexões de Bucer (1491-1551), adotou-se, no contexto protestante, o entendimento de que o batizado precisa de instrução, que o levará a um ato público de sua fé, confirmada pela imposição das mãos. Adotou-se, então, o conceito de **confirmação**.

O Concílio de Trento manteve o sentido sacramental do crisma. A partir do século XX, com o Concílio Ecumênico Vaticano II, o crisma retomou o sentido de iniciação integral, celebrado em comunidade durante a eucaristia, com ênfase na realidade do batismo (CVII, 1963) e presidida pelo bispo, que concede aos presbíteros, no batismo de adultos, também o ofício de crismar (Santa Sé, 1992). O Papa Paulo VI decretou: "**O sacramento da confirmação confere-se mediante a unção do crisma sobre a fronte, que é feita com a imposição das mãos, e mediante as palavras: "receba o sinal do dom do Espírito Santo**" (Paulo VI, 1971, grifo do original).

3.3.3 Refletindo para a atualidade

O selo é um sinal importante na compreensão e na reflexão sobre o crisma. Impor as mãos e ungir o batizando era a última parte do rito batismal realizada pelo bispo na Igreja antiga. Isso selava, marcava o evento batismal, era a confirmação de toda a liturgia na ligação com a Igreja na figura do bispo, o sucessor dos apóstolos. Assim, *crismar* é selar, confirmar e dar plenitude ao batismo. Mas o que deve ser completado no batismo? O motivo pelo qual foi batizada a criança: a decisão pessoal da fé, a busca pelo sacramento do crisma a fim de confessar a própria fé; para o batizado adulto, seu pertencimento pleno à Igreja, com consciência dos direitos e dos deveres da vida comunitária, respondendo ao chamado para a ação missionária e para o testemunho da fé. O crisma faz parte de uma liturgia única: batismo, comunhão na eucaristia e crismação. Será a iniciação com sentido litúrgico completo[22].

No contexto das Igrejas protestantes históricas, a confirmação tem a função de integrar a pessoa à Santa Ceia, ajudando-a a instruir-se na fé, decidir-se pela fé, fortalecer-se para a vida adulta e participar de ações pastorais.

Síntese

Neste capítulo, vimos que o batismo, o crisma e a eucaristia são os sacramentos da iniciação cristã. O batismo é o sinal da vida nova, o crisma é a confirmação e a responsabilidade da vida cristã e a eucaristia é o alimento do cristão.

O batismo é a vida nova em Cristo, introdução à vida na comunidade e necessário à salvação. Para o rito batismal, derrama-se água sobre a cabeça da pessoa, dizendo a fórmula trinitária: "Em nome do Pai, do Filho e do Espírito Santo". O batismo resgata o cristão do pecado (remissão) para a nova vida como filho de Deus em Cristo,

---

22 "Morrer do velho e renascimento do novo homem na passagem pela água, acolhimento na comunhão da Igreja, em conjunto, partir o pão e para vida a partir do mistério de morte e ressurreição" (Nocke, 2002, p. 240).

habitado pelo Espírito Santo, incorpora-o à Igreja e insere-o no sacerdócio de Jesus Cristo. Marca o fiel com um sinal indelével (caráter). O batismo é único, não se repete. No entanto, fazer a vontade de Deus sem o vínculo sacramental também leva à salvação, mesmo sem batismo. A Igreja batiza as crianças pelo fato de o sacramento ser graça e dom de Deus, e os pequeninos são assim batizados na realidade da fé da Igreja; as crianças mortas sem batismo são acolhidas na misericórdia de Deus. O batismo pode ser realizado por qualquer pessoa, desde que o faça segundo a intenção da Igreja.

Por sua vez, a eucaristia é o centro da vida eclesial. Cristo reúne a Igreja em seu sacrifício de louvor e ação de graças e seus membros no caminho da salvação. A eucaristia é o memorial da Páscoa de Cristo, de sua obra salvadora: vida, morte e ressurreição. O sacrifício eucarístico é dado por Cristo como oferenda e sacerdote da Nova Aliança. Quem preside a eucaristia são os sacerdotes cuja ordenação seja válida. Os sinais elementares da eucaristia são o pão e o vinho; sobre estes, é invocada a benção do Espírito Santo e o sacerdote pronuncia as mesmas palavras que Jesus disse na última ceia. Na consagração, acontece a transubstanciação do pão e do vinho no corpo e no sangue de Cristo, que está presente no ritual de forma verdadeira, real e substancial, em corpo, sangue, alma e divindade, e pode ser adorado e conservado para adoração fora da missa também. Como sacrifício, a eucaristia repara os pecados dos vivos e dos mortos. Para participar da comunhão da eucaristia, é preciso estar em estado de graça. A comunhão no corpo e no sangue de Cristo fortalece a vida do cristão na união com Jesus, traz perdão para os seus pecados, desperta-o para a caridade e fortalece-o para a caminhada da Igreja, como corpo espiritual de Cristo. Quando o cristão participa da ceia eucarística, passa a sentir-se como Cristo se sentiu, alimenta suas forças para a caminhada da vida, desperta e aumenta o desejo pela vida eterna com Deus.

Por fim, o crisma é a confirmação e a completude da graça batismal. O crisma e o batismo marcam no cristão um sinal espiritual para sempre. Recebe-se o crisma apenas uma vez. O cristão, a ser crismado no uso de sua razão, professa a fé na intenção de receber o sacramento para testemunhá-la e tornar mais sério o discipulado na vida da Igreja e do mundo. O rito do crisma é ministrado com a unção do óleo na fronte da pessoa e a imposição das mãos do bispo. Ocorre sempre junto com a eucaristia, para destacar a unidade dos sacramentos da iniciação cristã.

Indicações culturais

Livro

BORTOLINI, J. **Os sacramentos em sua vida**. São Paulo: Paulus, 1990.

O Padre José Bortolini apresenta um curso de bases bíblicas e teológicas para os sete sacramentos, destacando seus elementos simbólicos e sua aplicação pastoral em linguagem popular e simplificada, com finalidade catequética para comunidades sem presbíteros.

Sites

CAPELA NOSSA SENHORA DA CONCEIÇÃO. **O sacramento do batismo**. Disponível em: <http://www.capela.org.br/Catecismo/batismo.htm>. Acesso em: 10 ago. 2016.

Este *site* apresenta uma síntese didática sobre o Sacramento do Batismo respondendo a questões como: Para que existe batismo? Quando foi que Jesus instituiu o batismo? Trata-se de uma boa fonte para auxiliar na fixação dos conteúdos estudados.

CATEQUESE CATÓLICA. **A eucaristia**: o que diz o Catecismo católico. Disponível em: <http://www.catequisar.com.br/texto/materia/celebracoes/christi/11.htm>. Acesso em: 10 ago. 2016.

Este é um *site* que traz conteúdo catequético e procura explicar de um modo bastante prático o que o Catecismo da Igreja Católica apresenta sobre o sacramento da eucaristia. Estruturado em forma de perguntas e respostas, o texto auxilia no esclarecimento de dúvidas como: De que modo Jesus Cristo está presente na eucaristia? Quem pode comungar? Em que consiste o jejum eucarístico? Acesse e conheça mais.

CATÓLICO ORANTE. **Os 7 sacramentos**. Disponível em: <http://www.catolicoorante.com.br/7sacramentos.html>. Acesso em: 10 ago. 2016.

Neste *site*, você encontra uma ótima síntese sobre os sete sacramentos. Os textos, que são breves, foram escritos de modo a facilitar a compreensão do leitor sobre cada um dos sacramentos. Deste modo, destacam pontos importantes sobre os quais você poderá realizar outras pesquisas.

O FIEL CATÓLICO. **O sacramento da crisma ou da confirmação**. Disponível em: <http://www.ofielcatolico.com.br/2001/03/o-sacramento-da-crisma-ou-da-confirmacao.html>. Acesso em: 10 ago. 2016.

Tendo como referência os documentos oficiais da Igreja Católica, este *site* aborda o sacramento da crisma ou confirmação. O texto relaciona o sacramento da crisma com o do batismo e destaca que, enquanto no batismo, a vida recebida é graça que nos renova e transforma, na crisma, essa mesma vida é dom que devemos testemunhar e partilhar. Acesse e conheça mais sobre o sacramento da confirmação.

SANTA SÉ. **Catecismo da igreja católica**. 1992. Disponível em: <http://www.vatican.va/archive/cathechism_po/index_new/prima-pagina-cic_po.html>. Acesso em: 10 ago. 2016.

A leitura desse documento é fundamental para conhecer a doutrina católica de um modo geral e especificamente a dos Sacramentos. A partir do texto básico do Catecismo você poderá consultar todas as referências indicadas o que lhe dará oportunidade de um grande aprofundamento dos conteúdos estudados.

Vídeos

KOXNE, O. **Introdução geral, batismo, confirmação**. Série Sacramentos, v. 1. 2005. 114 min. 1 DVD.

Vídeos da Série "Sacramentos" com conteúdo sobre cada um dos sacramentos, próprios para os cursos de preparação. Com enfoque bíblico, teológico e litúrgico, proporcionam conhecimento e aprofundamento da fé pessoal e comunitária. São auxílios para as atividades pastorais, paroquiais, familiares e comunitárias.

MEGDESSIAN, R. **Espírito Santo, crisma e o segredo da chama**. 2008. 72 min. 1 DVD.

Três filmes de curta duração em que são apresentados a força e o dinamismo vital do Espírito Santo para o ser humano. Aborda a preparação para receber o sacramento do crisma por meio de uma história. Traz imagens simbólicas da chama de fogo e música que criam um ambiente de escuta e oração.

Atividades de autoavaliação

1. O batismo faz parte dos sacramentos de iniciação da vida do cristão, juntamente com a confirmação e a eucaristia. Sob a graça de Jesus Cristo, a pessoa renasce pelo batismo, é fortalecida na fé cristã pelo crisma e alimenta-se com a eucaristia para a caminhada da vida diária e para a eternidade. Sendo assim, assinale a alternativa que apresenta o significado correto do termo *batismo*:

    a) O nome *batismo* tem origem grega, do termo *baptízein*, "mergulhar", "imergir". Simbolicamente, mergulhar na água é ser sepultado com Cristo e ressuscitar com ele, tornar-se uma criatura nova.

    b) O batismo é o fundamento da vida dos cristãos. Eles se abrem à ação do Espírito Santo e têm acesso, por meio dele, aos outros sacramentos.

    c) O batismo tem ligação direta com a fé e depende dela, portanto, acreditar é o fator fundamental para ser batizado. Batiza-se pelo motivo da fé, como vemos com Paulo de Tarso, em Filipos, falando ao carcereiro: "crê no Senhor e serás salvo, tu e a tua casa" (Atos, 16: 31-33).

    d) O batismo, como sinal da fé, tem ilustração bíblica no evento de Pentecostes. As pessoas que escutavam o discurso de Pedro foram tocadas pela ação do Espírito Santo, procuraram saber como responder e ouviram a chamada para converterem-se e batizarem-se (Atos, 2: 37-41).

    e) O batismo é o sacramento da fé. Para os sacramentos, é necessário crer, sem dúvida, mas o batismo supõe que aquele que o recebe o está fazendo na fé em Jesus Cristo. Assim, o batismo é o sacramento da fé.

2. "O batismo é a nova criação que Deus produz em nós. Com ele, nos tornamos Filhos de Deus [leia a conversa de Jesus com Nicodemos em João, 3: 1-5]. Por meio dele, nascemos do alto, ou seja, recebemos a filiação divina. Graças a ele podemos, no Espírito, chamar Deus de Pai (Romanos, 8: 15)" (Bortolini, 2013, p. 11).

Mediante essas informações, avalie as afirmativas a seguir quanto ao batismo no Novo Testamento:

I) O batismo tem indicações desde a Antiga Aliança, quando vemos a relação da água com os acontecimentos bíblicos do Primeiro Testamento quanto à origem do mundo, quando o Espírito pairava sob as águas (Gênesis, 1: 2).

II) O batismo de João Batista é para a conversão, para o perdão dos pecados e para a chegada de uma nova realidade: o Reino de Deus.

III) O significado sacramental da água no batismo é lembrado na liturgia da benção da água batismal e na missa da vigília pascal.

IV) Conforme as Escrituras, Jesus Cristo foi batizado por João Batista no início de sua vida pública.

V) O batismo de João Batista é de arrependimento para os pecadores, e Jesus deixa-se batizar por vontade própria, realizando completamente a justiça. Jesus mostra sua esperança de uma nova realidade e torna-se solidário com o povo.

Agora, assinale a alternativa correta:

a) Apenas as afirmativas I, III e V estão corretas.
b) Apenas as afirmativas II, IV e V estão corretas.
c) Apenas as afirmativas I, II e III estão corretas.
d) Apenas as afirmativas II, III e IV estão corretas.
e) Apenas as afirmativas I, IV e V estão corretas.

3. "A eucaristia é o alimento do povo que caminha sob as luzes do Espírito" (Bortolini, 2013, p. 87). Ela tem seu sentido verdadeiro na sua celebração, e é apresentada como atualização da morte-ressurreição-glorificação de Jesus até que ele retorne. Eucaristia é, pois, "Deus alimentando seu povo que caminha para a ressurreição final" (Bortolini, 2013, p. 87).

Diante dessas informações, leia com atenção as afirmativas a seguir no que se refere aos fundamentos bíblicos do Antigo e do Novo Testamento:

I) No Antigo Testamento, a ceia aparece como sinal de comunhão. Em Gênesis (18: 1-8), Abraão, ao receber três homens, oferece a eles hospitalidade e alimento. Em Gênesis (27: 4), Isaque, em agonia de morte, pede aos filhos uma refeição e, após comer, abençoa Jacó.

II) No momento em que a Igreja, sob o governo Imperador Constantino, passou de perseguida a religião oficial do Império Romano, transformações importantes influenciaram a compreensão da eucaristia, refletidas nas formas litúrgicas de sua celebração. A celebração da eucaristia ganhou um caráter de culto público. A figura dos bispos com uma sede (trono) foi destacada e a celebração teve um deslocamento da mesa de comunhão para o altar.

III) A ceia como sinal de comunhão significa também a ligação com Deus. Vemos isso no texto de Gênesis (18: 1-8), em que Abraão acolhe três homens, que são a figura do Senhor. Em Êxodo (18: 12), Jetro faz uma ceia "diante de Deus" com Aarão e os anciãos de Israel. Em Êxodo (24: 11), Moisés e os anciãos comem e bebem depois de firmarem a aliança com o Senhor no Sinai, pois lá puderam vê-lo.

iv) Na prática de Jesus, a comunhão de mesa é o ato simbólico ao qual mais se faz referência nos Evangelhos. Uns veem como um convite importante a cear com Jesus; outros enxergam nisso um escândalo, em razão das pessoas que cercam Jesus para a refeição. Em Lucas (15: 2), lemos: "Os fariseus e os escribas, porém, murmuravam: 'Esse homem recebe os pecadores e come com eles!'"; e, em Marcos (2: 16): "Os escribas dos fariseus, vendo-O comer com os pecadores e os publicanos, diziam aos discípulos dele: 'Quê? Ele come com os publicanos e pecadores?'".

v) As ações salvadoras de Deus (Javé) são bem destacadas na festa do *Pessach* (passagem). Originalmente, essa festa é a junção de duas festividades: a festa de grupos nômades que, ao partir de uma região, abatiam um animal pequeno e realizavam uma refeição comunitária; e a festa da colheita dos agricultores de Canaã, com a preparação do pão ázimo, em que era utilizado o cereal da nova colheita.

Agora, assinale a alternativa correta:

a) Estão corretas apenas as afirmativas I, III, IV e V.
b) Estão corretas apenas as afirmativas I, II, III e IV.
c) Estão corretas apenas as afirmativas II, III, IV e V.
d) Estão corretas apenas as afirmativas III, IV e V.
e) Estão corretas apenas as afirmativas IV e V.

4. "A palavra *eucaristia* vem da língua grega e significa ação de graças; é dizer 'muito obrigado'. É a ação de graças que Jesus fez ao Pai. É o agradecimento que a Igreja dirige a Deus, pois Jesus se tornou para nós alimento de vida eterna." (Bortolini, 2013, p. 103).

Sobre o significado da eucaristia, leia as afirmações a seguir e marque V para verdadeiro e F para falso.

( ) Nos sete sacramentos, Jesus está presente pelos sinais e pela ação de quem os administra. Na eucaristia, a presença de Jesus é em substância: corpo e sangue. O pão e o vinho não são mais apenas pão e vinho: tornam-se o corpo de glória do filho de Deus.

( ) Nos demais sacramentos, Jesus, mediante palavras, sinais e elementos, age na comunidade e na pessoa. Na eucaristia, os cristão recebem Jesus apenas na fé e simplesmente comem e bebem o pão e o vinho.

( ) A eucaristia é o centro da fé cristã. O ponto alto é a autocomunicação de Deus por meio de Jesus Cristo. Liturgicamente, é fundamental que todo participante coma e beba da eucaristia, característica básica de um sinal completo da ceia do Senhor.

( ) A eucaristia como gratidão e memória é a celebração da vinda de Cristo, que, pela ação do Espírito Santo, é o sujeito da eucaristia. Jesus vem aos homens nesse sacramento. É o Senhor exaltado, que tem consigo as marcas de sua vida. Quando os cristão celebram a presença daquele que ressuscitou, celebram igualmente toda a sua vida, o seu amor pela humanidade e o sacrifício que esse amor custou.

Agora, assinale a alternativa que apresenta a sequência correta:

a) V, F, V, V.
b) V, V, F, V.
c) V, V, V, F.
d) F, V, V, V.
e) V, V, V, V.

5. A confirmação completa a obra iniciada no batismo. Batismo, confirmação e eucaristia são chamados *sacramentos da iniciação cristã*, pois introduzem a pessoa em uma nova vida (filho de Deus), com responsabilidade dentro da Igreja (testemunho de vida), levando-a à perfeita sintonia (comunhão) com Deus e com a comunidade-Igreja, o povo de Deus, no Espírito Santo.

Sobre o sacramento da confirmação, leia as afirmações a seguir e marque V para verdadeiro e F para falso:

( ) Há uma citação na qual não aparece o recebimento do Espírito Santo no batismo, mas é descrita uma imposição de mãos pelos apóstolos, explicitando a necessidade pós-batismal, depois da ação missionária de Felipe na Samaria (Atos, 8: 14-17).

( ) O selo, sinal feito na fronte do crismando, carrega o sentido de deixar uma marca, um registro. O selo é utilizado somente nas liturgias realizadas no Brasil.

( ) A imposição das mãos está ligada a significados importantes: transmitir vida, poder, força, benção, cura, comissionamento.

( ) Durante a história da Igreja, houve um esforço teológico para fundamentar a função específica do sacramento do crisma. Temas relevantes surgiram: a plenitude da vida cristã, o envio e o testemunho da fé, o fortalecimento. Segundo a teologia escolástica, o batismo existe para o perdão dos pecados, enquanto o crisma existe para fortalecer a fé.

Agora, assinale a alternativa que apresenta a sequência correta:

a) V, V, F, V.
b) V, V, V, F.
c) V, F, V, V.
d) F, V, V, V.
e) V, V, V, V.

Atividades de aprendizagem

Questões para reflexão

1. O rito do sacramento do batismo é organizado em partes específicas e relacionadas entre si: o sinal da cruz, o anúncio da Palavra de Deus, os exorcismos e a profissão de fé, a água batismal e o batismo. Escreva sobre o significado do anúncio da Palavra de Deus e da água batismal.

2. Para haver verdadeira assembleia eucarística, é necessário crer que é Deus quem reúne os cristãos com sua palavra. Ele os une na eucaristia (Bortolini, 2013). Disserte sobre a eucaristia considerando as seguintes ideias: centro da fé cristã e ação de graças.

3. "Pelo sacramento da confirmação, aqueles que renasceram no batismo recebem o **dom** do Espírito Santo, são enriquecidos por ele com uma força especial [...]" (CVII, 1965a, citado por Bortolini, 2013, p. 59-60, grifo do original). Com base nessa ideia, escreva sobre o crisma como complementação do batismo.

Atividade aplicada: prática

1. Realize uma atividade de pesquisa de campo sobre a vivência dos sacramentos de iniciação cristã: batismo, eucaristia e confirmação. O primeiro passo é selecionar uma comunidade cristã específica. O segundo passo é identificar como ocorre a preparação do fiel para a recepção dos três sacramentos, como

os líderes (incluindo os clérigos) conduzem essa preparação e, também, como se dá a participação das pessoas, tanto as que vão receber pela primeira vez um dos sacramentos como a comunidade envolvida. Depois, planeje como seria possível envolver mais pessoas e de forma melhor todos no conhecimento, na celebração e no testemunho daquilo que é recebido nos sacramentos da iniciação cristã. Por fim, crie, com base na sua experiência, uma forma de colaborar para o aprofundamento da vida sacramental da comunidade estudada. Utilize tudo aquilo que você aprendeu com os conteúdos deste livro.

capítulo quatro

Sacramentos da cura[1]

1 Todas as passagens bíblicas utilizadas neste capítulo são citações da Bíblia de Jerusalém (2002). Os documentos da Igreja Católica que foram publicados pelo Concílio Ecumênico Vaticano II (1961-1965) são indicados pela sigla CVII. Na seção "Referências", esses documentos estão elencados sob a autoria de CVII – Concílio Ecumênico Vaticano II.

04

Os sacramentos da cura são **a penitência e a reconciliação e a unção dos enfermos**. Para refletirmos sobre esses sacramentos, organizamos este capítulo em três pontos estruturais: a fundamentação bíblica, o caminho histórico e teológico e as reflexões para a atualidade. Destacamos, de início, o contexto de aplicação e vivência do sacramento da penitência e da reconciliação; na sequência, apresentamos os temas bíblicos sobre culpa, sofrimento, salvação e perdão, sinais e símbolos de conversão no Antigo e no Novo Testamento. Em seguida, temos as reflexões teológicas e os determinantes históricos para a compreensão e a recepção do sacramento da penitência e da reconciliação nas diferentes formas de manifestação do arrependimento, da confissão e da absolvição dos pecados. Por último, tratamos das reflexões pertinentes à atual conjuntura eclesial sobre a confissão auricular, a penitência, a reconciliação e a liturgia da penitência.

Para o sacramento da unção dos enfermos, após breve introdução conceitual, apresentamos suas fundamentações bíblicas, considerando os temas da *enfermidade* e da *cura*, da *oração* e da *unção*. Ampliamos a reflexão com o desenvolvimento teológico e a história da ministração da unção dos enfermos, também sob a nomenclatura de *extrema-unção*. Por fim, apresentamos as atuais formas e compreensões pastorais e teológicas sobre a unção dos enfermos e seu lugar e significado na vida dos fiéis cristãos católicos.

4.1 O sacramento da penitência e da reconciliação

Na atualidade, o sacramento da penitência é um grande desafio pastoral, teológico e social, tanto para a Igreja quanto para os cristãos católicos. Isso se deve ao contexto de nossa época e a questões importantes de cunhos individual e coletivo. Fazendo uma análise, podemos afirmar que o sacramento da penitência e da reconciliação vive um momento de crise.

Os motivos estão ligados à interpretação da prática desse sacramento, à ênfase por demais moralista e pouco ética, ao foco na culpa individual, à falta de compreensão dos pecados sociais e ao paternalismo sacerdotal: alguém sabe e diz ao outro o que fazer em um ciclo repetitivo, sem o crescimento recíproco na fé. E, por fim, há a consequência de uma sociedade burocratizada e desumanizada, que prefere manter as questões individuais fora da ingerência das instituições.

O desafio está no resgate integral da compreensão e da prática que associam esperança, libertação e cura em sentido amplo –

a ação de penitenciar-se não como apontamento de falhas, mas como revisão, renovação e reerguimento².

4.1.1 O que diz a Bíblia?

Na Bíblia, há uma estreita relação entre **culpa** e **sofrimento**, entre **salvação** e **perdão**, partindo dos próprios textos da queda (Gênesis, 3; 4: 1-16; 4: 6-8; 11: 1-9; 12: 1-3), em que há um esquema geral: homem e mulher pecam; as consequências do que fizeram são sentidas (culpa); ambos compreendem por uma ação divina o peso do que fizeram; uma nova chance lhes é dada por Deus; são salvas do peso de suas ações e libertadas da culpa que pesa.

Na atualidade, o sacramento da penitência é um grande desafio pastoral, teológico e social, tanto para a Igreja quanto para os cristãos católicos. Isso se deve ao contexto de nossa época e a questões importantes de cunhos individual e coletivo. Fazendo uma análise, podemos afirmar que o sacramento da penitência e da reconciliação vive um momento de crise.

Seguindo na leitura da Bíblia, a ideia de conversão e perdão torna-se mais evidente. Quando não há conversão, há uma consequência. A despreocupação e a exploração dos pobres pelos ricos em Israel levaram o país à ruína, veio o exílio (Amós, 6: 7), o abandono do Deus único levou ao castigo, à "sede" pela falta da verdadeira "fonte de água viva" (Jeremias, 2: 13). A salvação vem pela libertação política e pela transformação interior. Metáforas da purificação são utilizadas, como no livro de Ezequiel (36: 24-37; 14): *água limpa, coração novo, abrir sepulcros, sopro de Deus*. Deus

---

2 "A partir daí resultam as seguintes perguntas para uma teologia penitencial moderna: Até que ponto a redenção entendida cristamente se refere também a sofrimento físico e psíquico, pressão e envolvimento em culpa social? Que dizer a respeito do aspecto social de culpa e penitência? Que função tem a Igreja nessa área? Que posição ocupa o sacramento da penitência no todo da prática cristã de reconciliação e conversão?" (Nocke, 2002, p. 275).

oferece ao ser humano a experiência da renovação, da libertação contínua testemunhada nas Escrituras, e este se abre e se renova. "Voltai, filhos rebeldes, eu vos curarei de vossas rebeliões" (Jeremias, 3: 22), "Eu porei minha Lei no seu seio e a escreverei em seu coração" (Jeremias, 31: 33), "O Deus, cria em mim um coração puro, põe um espírito firme no meu peito" (Salmos, 51: 12).

Um detalhe importante é que os apelos à conversão e à mudança de vida e de oferecimento de salvação e de vida nova são individuais e coletivos. São possibilidades sociais de conversão. Percebemos isso na chamada de atenção do profeta ao Rei Davi, que, pela função, afeta diretamente a nação com suas ações (II Samuel, 11: 1-12; 25). Vemos também na convocação à penitência e à mudança de vida feita por Jonas à cidade de Nínive, cujos habitantes deveriam suplicar a Deus o perdão, desde os mais importantes aos mais humildes (Jonas, 3: 1-10). Chamados à conversão aparecem com frequência nas Escrituras, sempre com destaque ao oferecimento da salvação, da vida nova (Joel, 1: 13-2; 17; Esdras, 9; Neemias, 9: 13).

Contudo, segundo o testemunho das Escrituras, a conversão precisa de **sinais** e **atos simbólicos**:

....

- Confessar a culpa pela palavra (II Samuel, 12; 13; Esdras, 9: 6-10; 2; Salmos, 51: 5).
- Lamentar o sofrimento e a perversão pessoal (Esdras, 9: 13; Neemias, 9: 36-37; Joel, 1: 5, 8, 13; Salmos, 51: 7).
- Gritar pela misericórdia (Joel, 1: 14; 2: 17).
- Pedir purificação do pecado e um novo coração (Salmos, 51: 4, 9, 12).
- Reunir as pessoas (Esdras, 9: 4; 10: 1; Neemias, 9: 1; Joel, 1: 14, 16).

- Jejuar (Neemias, 9: 1; Joel, 1: 14).
- Usar vestes penitenciais (Neemias, 9: 1; Joel, 1: 13).
- Sentar-se sobre cinzas e colocá-las sobre a cabeça (Jeremias, 6: 26; Ezequiel, 27: 30; Jonas, 3: 6).Sacrificar animais (Levítico, 16: 1-19).
- Expulsar o bode expiatório (Levítico, 16: 20-22).
- Aspergir com água e abluir para o culto (Salmos, 51: 9).

As formas rituais têm seu valor à medida que expressam a prática do arrependimento e a sincera busca pela misericórdia. Quando, na história de Israel, houve uma mudança radical de pensamento e ação e os ritos se esvaziaram do seu sentido mais profundo, fortes críticas surgiram (Amós, 5: 21-24; Isaías, 58: 5-6), entre as quais: "porque é amor que eu quero e não sacrifício" (Oseias, 6: 6). Nas discussões sobre a observação do sábado, a crítica aos ritos e às normas diante da misericórdia é explicitada nas ações de Jesus (Mateus 9: 13; 12: 7).

Os Evangelhos apresentam uma relação direta e profunda entre curar e perdoar pecados. Jesus liberta do pecado e cura a pessoa, **faz sarar o todo** do ser humano: ao curar uma doença de alguém, Jesus também o reintegra. Na cura do paralítico, o Evangelho destaca o perdão dos pecados (Marcos, 2: 1-12). Esta e outras narrativas carregam uma mensagem importante: **doença e culpa têm uma ligação forte e determinante com as alterações da saúde humana.**

Nesse sentido, o perdão tem dimensão social, pois é reconciliação. O perdão que vem de Deus é a reconciliação com o outro, e a oração do pai-nosso é sua comprovação (Mateus, 6: 12-14; 18: 25-35). O perdão é o movimento de valorização do outro e de reconhecimento da bondade de Deus, que é o autor da vida. Para

Jesus, perdoar o outro está acima dos ritos e das normativas religiosas, o que nos permite perceber que Jesus está em uma linha de crítica ao ritualismo e aos cultos sem conteúdo. Conforme os Evangelhos, o ato simbólico da reconciliação nas ações de Jesus é a **acolhida** e a **comunhão**. Em diferentes trechos, Ele senta-se à mesa com pecadores – o "rito" de perdão de Jesus é a comunhão de mesa, que expressa aquilo que Deus faz pelos seus: **acolhe, alimenta** e **traz alegria**.

Nos escritos do Novo Testamento, **o perdão é uma questão central da vida em comunidade** diante dos erros e acertos da Igreja em seus primórdios. Nas citações bíblicas a ações, como "carregar o peso uns dos outros [...]" (Gáladas, 6: 2), "exortar, reconfortar, sustentar" (I Tessalonicenses, 5: 14), admoestar (Romanos, 15: 14) e perdoar uns aos outros (Colossenses, 3: 13), vemos indicações da importância de se renovar a convivência, ir além dos ressentimentos e superar as ofensas, como está destacado em outras passagens, como: "Confessai, pois, uns aos outros, os vossos pecados e orai uns pelos outros, para que sejais curados. A oração fervorosa do justo tem grande poder" (Tiago, 5: 16).

Como regra de vida na comunidade no que se refere à reconciliação e ao perdão, o Evangelho de Mateus apresenta uma ordem penitencial (Mateus, 18: 15-25): (1) admoestação em particular, a primeira e mais importante ação; (2) o diálogo com um círculo de pessoas mais próximas ou com a comunidade em um segundo momento; (3) a exclusão da participação nas celebrações, com o objetivo de mostrar à pessoa seu afastamento de Deus e dos irmãos como última alternativa: "Em verdade vos digo: tudo quanto ligardes na terra será ligado no céu e tudo quanto desligardes na terra será desligado no céu" (Mateus, 18: 18).

Ligar e **desligar** são conceitos judaicos para **readmissão** e **exclusão** da comunhão. Na visão judaica, o gentio, o publicano, ou seja, aquele que atenta contra a fé, não pode estar em comunhão com os demais. Ele precisa rever suas ações e seus pensamentos, e, para isso, muitas vezes, é preciso haver um choque de consciência, que é a exclusão. Mateus (18: 20)destaca a presença de Jesus na reunião da comunidade (dois ou três) "'Pois onde dois ou três estiverem reunidos em meu nome, ali estou eu no meio deles'"; portanto, as etapas dessa ordem penitencial têm relação direta com a presença de Cristo na vida em comunidade.

Contudo, é necessário ir a fundo, pois a forma de penitência e de reconhecimento da culpa, ao que parece, não está situada no Evangelho em contexto jurídico-punitivo, mas em sentido **pedagógico**. Antes de Mateus (18: 15-25), é narrada a parábola da ovelha perdida, que, uma vez reencontrada, traz alegria; há também a resposta de Jesus a Pedro sobre o perdão ilimitado (Mateus, 18: 12-21) e depois, vemos a história do servo incompassivo que é perdoado da dívida pelo rei, mas não perdoa quem deve a ele (Mateus, 18: 23-35). Quando Mateus apresenta a exclusão da pessoa, está indicando o extremo a que pode chegar uma situação em que não há arrependimento. As etapas a serem seguidas são a demonstração de que o principal é reconquistar a pessoa para que ela volte a viver em comunhão, portanto, não há exclusão imediata.

Texto parecido com o da ordem penitencial de Mateus é de João (20: 23), em que Jesus permite aos discípulos perdoar ou reter os pecados. Sobre a exclusão como instrumento de revisão de vida, os textos paulinos também trazem informações importantes, como: cuidar com o fermento ruim, dar chance ao pecador, ser severo para o despertar da consciência (I Coríntios 5: 5-10). Para Paulo, na medida em que se repreende o pecador, devem existir também a acolhida e o amor para com ele.

Em outras passagens, aquele que se torna ameaça à comunidade deve ser advertido e colocado em processo de conversão, mas não se torna inimigo, continua irmão, ou seja, deve-se pensar no bem da comunidade e no bem da pessoa (II Tessalonicenses, 3: 6-14 ss.). O equilíbrio teológico e pastoral na exclusão da comunhão encontra-se, primeiramente, em não ritualizar: em alguns momentos, há o perigo de o rito se esvaziar e tornar a exclusão a finalidade, e não o meio. Devemos entender Mateus (18: 18) principalmente como sendo uma estratégia, com o melhor dos objetivos: a conversão.

Outra questão se faz importante: Quem, afinal, liga e desliga alguém da comunidade, adverte e toma a iniciativa de convocar a conversão da pessoa com as devidas medidas a serem aplicadas? Quem ocupa essa função? Seria a comunidade como um todo?

Por muitos séculos, entendeu-se, com base em Mateus (18: 18) e João (20: 23), que os líderes da comunidade – o sacerdote, em especial – tinham essa obrigação. Mas as reflexões posteriores de teólogos católicos foram mais adiante na questão. Em Mateus, Jesus dirige-se à comunidade quando fala do poder de ligar e desligar; Paulo indica a comunidade como a que exclui e readmite (I Coríntios, 5: 4; II Coríntios, 2: 8); em João, 20: 23, Jesus dirige-se aos discípulos sem nominar alguém em especial. Podemos pensar assim: se a função é dada à comunidade, dá-se aos que a lideram, uma vez que estes também são a comunidade. Ao mesmo tempo, não há como excluir a ação da comunidade. Ao que tudo indica, portanto, ligar e desligar, perdoar e reter, não é algo restrito ao ocupante de um cargo eclesiástico, mas ele o faz, como indica a tradição da Igreja. É tarefa da Igreja preocupar-se com a renovação das ações e da fé de cada um e, enquanto existem cargos e competências pastorais e administrativas, estes terão a iniciativa de prover os meios e as condições para haver penitência e reconciliação, com vistas à cura e à salvação integral, inclusive deles mesmos.

A Igreja vive profundamente o sinal efetivo do perdão e da reconciliação por meio do batismo, marcado pela realidade da vida nova, do morrer e ressuscitar em Cristo (Romanos, 6: 4-8). Conversão e perdão acontecem na comunidade cristã porque Jesus está ressuscitado nela. A ceia do Senhor é sinal profundo e central de perdão dos pecados, de aliança e de reconciliação: "pois isto é o meu sangue, o sangue da Aliança, que é derramado por muitos para remissão dos pecados" (Mateus, 26: 28). O destaque ao perdão dos pecados está presente também na unção dos enfermos (Tiago, 5: 15).

4.1.2 O caminho histórico-teológico do sacramento da penitência e da reconciliação

A história da penitência na Igreja apresenta muitas variações, entre formas oficiais e não oficiais. Existem liturgias e práticas importantes: esmola, jejum, serviços aos mais necessitados, oração da comunidade, oração penitencial, perdão pessoal, celebração eucarística, confissão comunitária dos pecados, mediação de conflitos, advertência mútua. No meio dessa variedade de ações e celebrações penitenciais, ocorreu o desenvolvimento da forma oficial da penitência na Igreja: o sacramento da penitência. A alteração mais importante está na mudança da forma penitencial da Igreja antiga, aplicada uma vez na vida, para as repetitivas confissões de culpa na Idade Média (Nocke, 2002).

A Igreja antiga tem em sua prática a **excomunhão pública única**, cujas bases estão em Mateus (18: 18) e I Coríntios. No caso de pecados graves, como adultério, homicídio e apostasia, a pessoa era excluída da eucaristia para passar por um tempo de purificação. Após esse período, ela era recebida novamente. Esse processo baseava-se em três momentos: a **excomunhão**, o **tempo de** penitência e a **reconciliação**. Esta última acontecia pela readmissão da pessoa na comunidade em uma liturgia especial, normalmente na quinta-feira anterior à Páscoa. Essa forma penitencial é a **penitência de excomunhão**. Tinha característica de ser única, aplicada apenas uma vez na vida. Caso a pessoa voltasse a realizar os mesmos delitos, era entregue à misericórdia de Deus e não lhe eram negados o atendimento e a comunhão eucarística no momento da agonia de morte.

Teologicamente, essa prática penitencial é justificada por dois elementos: o **esforço do penitenciado** e a **reconciliação com a comunidade**. Entre os teólogos orientais e ocidentais, houve diferenciações na forma como esse processo era tratado. Para a Igreja oriental, o processo deveria ser medicinal, com um tempo de cura, de tratamento. Já para a Igreja ocidental, o processo foi considerado mais jurídico: o pecador deveria pagar por sua culpa. A reconciliação com a comunidade, expressa na liturgia de readmissão, significava estar em paz com Deus novamente – Deus em Jesus Cristo, que age na comunidade. A penitência de excomunhão esteve presente na prática da Igreja até o século VI (Nocke, 2002).

A partir do sexto século do cristianismo, algumas alterações no processo de penitência começaram a ocorrer, uma das quais foi o adiamento da aplicação das penas em virtude de sua gravidade, da idade do penitente, de sua condição social etc. Houve uma atmosfera de relaxamento da prática penitencial, e é importante recordar que estamos nos referindo aos séculos imediatamente posteriores à oficialização do cristianismo como religião imperial. Houve, nesse período, um vazio do sentido penitencial outrora fundamental na prática da Igreja.

É nesse contexto que houve um lento processo de assimilação da chamada **penitência céltica**, levada ao restante da Europa por religiosos escoceses. Apesar de rejeitada pelos líderes eclesiásticos, essa forma penitencial se impôs pela prática e foi assumida oficialmente a partir do século XIII. Suas características são: **repetição, sigilo e diminuição do tempo de penitência**. Ela altera a prática penitencial da ação pública para a ação privada – a pessoa diz seus pecados ao sacerdote, que representa a comunidade (Nocke, 2002). Mantiveram-se os três pontos da penitência de exclusão: a **confissão, do pecado**, o **tempo de penitência**, em que a pessoa repararia o erro cometido, e a **readmissão**, quando o sacerdote absolve a pessoa do pecado. O tempo de penitência era para que ocorresse a **satisfação**, ou seja, a readequação da vida da pessoa: ela deveria redirecionar-se para a graça de Deus, cumprir a pena dada pelo sacerdote e retornar para ser absolvida. Contudo, na prática, esse processo passou a ficar incompleto, pois a volta para receber a absolvição raramente acontecia. Assim, a configuração foi novamente alterada: **confissão, absolvição, prática penitencial**. O cristão era absolvido dos pecados sob a consciência de estar comprometido a cumprir a penitência.

Sacramentalmente, esse esquema permanece ainda hoje: o cristão diz seus pecados ao padre, ele indica a penitência ao fiel (a qual ele deve cumprir) e o absolve (declara-o perdoado). A questão teológica e eclesial que aparece aqui é o destaque à exclusividade do papel do sacerdote no sacramento da penitência. O sentido de reconciliar-se com a comunidade, com o outro e com Deus via relacionamento humano no amor fica obscurecido (Nocke, 2002).

Com o desenvolvimento das formas de penitência, as variações teológicas sobre **qual elemento faz superar a culpa** pelo pecado apareceram: na Igreja antiga, havia a **prática penitencial** do pecador em relação direta com a realidade comunitária; nos primórdios da Idade Média, o **ato de confessar** os pecados; a partir do século XII (escolástica inicial), o **arrependimento**; a partir do século XIII, a **absolvição** do sacerdote. Em 1215, o IV Concílio de Latrão decretou a confissão obrigatória anual. Os que têm consciência de seus pecados – e, em específico, dos pecados graves – deveriam, no máximo, em um ano, confessar e fazer o ato sacramental³.

Para Duns Scotus (1266-1308), o sacramento da penitência é a absolvição. Confessar, arrepender-se e satisfazer são condições para ser absolvido. Teologicamente, no entanto, ainda é visível a teoria de dois caminhos: o **sacramental** (a absolvição) e o **extrassacramental**, quando há arrependimento de fato por parte do pecador. Mas a certeza só é plena via caminho sacramental.

A teologia escolástica enfatizou o papel sacerdotal, recorrendo principalmente ao **poder das chaves** (Mateus, 16: 19; 18: 18), com um argumento construído sobre a **teoria da declaração**: a graça de Deus é que efetiva o perdão; pelo sacramento, o sacerdote declara a absolvição que vem do próprio Deus. O Antigo Testamento, por exemplo, cita a declaração dos sacerdotes israelitas sobre a cura dos leprosos. Santo Tomás de Aquino interpretou que, na disposição do penitente em arrepender-se e ser absolvido, efetua-se o perdão divino.

A confissão dos pecados ao sacerdote é acompanhada também por formas especiais de penitência, como a **indulgência** e a **confissão leiga**. No contexto medieval, métodos importantes foram a **penitência tarifária**, por meio de ações ou doações que a pessoa deveria fazer como forma de penitenciar-se (por exemplo, a

---

3 "O instrumentário conceitual é fornecido pela distinção entre o arrependimento incompleto (*attritio*: atrição) e o arrependimento completo (*contrittio*: contrição). Confissão, arrependimento e satisfação são a "matéria" do sacramento, a absolvição é sua "forma". Se alguém vem ao sacramento da penitência com arrependimento incompleto, a absolvição efetua a "transformação" da *attritio* na *contrittio* e, desse modo, o perdão. Portanto, nem os atos do penitente, nem a absolvição sacerdotal perfazem sozinhos o sacramento da penitência, e, sim, ambos em causalidade recíproca." (Nocke, 2002, p. 284).

comutação da penitência, ou seja, abreviar o tempo e **substituir** a pena por esmola ou dinheiro), e a **penitência vicária**, que correspondia à ideia de a prática penitencial de uma pessoa ser praticada por outra. Dessas formas de penitência desenvolveu-se a **indulgência** (século XII)[4].

O embasamento teológico para as indulgências tem três pontos importantes:

1. Na penitência de absolvição, é preciso resolver o cumprimento da pena, uma vez que o sacerdote já declara o perdão. Na Igreja antiga, era mais simples: obtinha-se o perdão na reintegração à comunidade, depois de compensar o mal realizado.
2. Penas que não foram cumpridas totalmente em vida influem no pós-morte e a pessoa precisa purificar-se. Alguém pode rezar por ela e cumprir o que não foi realizado.
3. Enfatiza-se a **doutrina do tesouro**: a Igreja pode dispor de bens e riquezas com a finalidade de ajudar quem precisa e manter sua missão.

Com o decorrer do tempo, o entendimento de *perdão* e de *graça* coisificou-se e sustentou o princípio comercial extremo, utilizando, para tanto, a piedade e o medo dos fiéis. Isso ocorreu especificamente na Idade Média tardia, reforçando o controle papal sobre a concessão do perdão, baseado no **poder das chaves**. Todo esse

---

4 "Em vista de uma oração, de um ato de penitência ou de uma oferta em dinheiro é declarado, num ato público da Igreja, o indulto de penas temporais (para o próprio penitente ou para alguém outro, ao qual se queira creditar substitutivamente a penitência)" (Nocke, 2002, p. 285).

conjunto histórico, teológico e prático levou aos protestos dos reformadores no século XVI. O Concílio de Trento convocou a moderação na aplicação das indulgências, mas não as eliminou. Na atualidade, o teólogo Karl Rahner (1904-1984) fez uma retomada original da questão das indulgências, deslocando a questão de quem teria a autoridade eclesiástica para perdoar e controlar tal ato para a oração da Igreja. Assim, a comunidade cristã que ora pode ser intercessora para a superação das consequências do pecado.

Na Igreja oriental, houve a prática da **confissão leiga**, sob uma ótica terapêutica da penitência. A confissão dos pecados tinha por objetivo a oração, o diálogo e a admoestação. Para quem ouvia a confissão, era mais importante a sua postura espiritual e a integridade religiosa, e não a função eclesiástica. Durante oito séculos, os monges foram os ouvintes da confissão, e a maioria deles não era sacerdote. Somente a partir do século XIII houve uma centralização da figura do clérigo.

No Ocidente, até o século XIII, em caso de necessidade, a confissão leiga era válida. Mantinha-se a possibilidade da confissão leiga com base no fato de que o ato de se confessar era decisivo para o perdão dos pecados, então, em caso extremo, qualquer cristão poderia ouvir a confissão de outro. Santo Tomás de Aquino argumentava a favor da confissão leiga, no sentido de que o sacramento da penitência existe em conjunto: atos do penitente e atos do sacerdote. No entanto, era dever do penitente procurar o sacerdote, mesmo tendo se confessado a um leigo anteriormente.

A confissão é algo excelente, precioso e grandioso, segundo Lutero, mas o reformador destacava que fizeram dela uma tortura infernal na vida dos fiéis, com partes rituais rígidas da ação sacramental sob o controle restrito dos sacerdotes. Para ele, o que deve ficar claro ao cristão não é a pena, mas o anúncio da graça de Deus (Nocke, 2002).

Sacramento da penitência e da reconciliação

O Concílio de Trento reagiu a Lutero confirmando o modelo de aplicação do sacramento instituído por Cristo (João, 20: 22 ss.; Mateus, 18: 18) – o **arrependimento**, a **confissão** e a **absolvição** são integrantes da penitência, a matéria do ato sacramental –, adotando a linha de interpretação teológica de Santo Tomás de Aquino. Confessar pecados é necessário à salvação. O sacramento opera por si mesmo, não depende da condição moral do sacerdote. Dessa maneira, o concílio agiu em um contexto histórico de preservação da prática tradicional, no processo da Contrarreforma, usando elementos bíblicos, da tradição e da realidade eclesiástica do século XVI.

No século XX, houve uma redescoberta importante para a teologia católica e para a compreensão mais ampla da *penitência*, como o restabelecimento dos conceitos eclesiológicos desse termo, resgatando assim a tradição da Igreja antiga. Principalmente com Pio X (1903-1914), houve uma ênfase em confessar os pecados mediante o incentivo a participar da comunhão, que, na época, era uma atitude pouco frequente.

No decorrer do século XX, outras renovações importantes aconteceram, principalmente após o Concílio Ecumênico Vaticano II. Com a elaboração do rito romano da penitência (1973), resgataram-se princípios importantes: o caráter social da penitência, a Igreja como aquela que oferece um serviço de reconciliação, o perdão e a paz para as pessoas que vão agir no mundo e na sociedade. A palavra *reconciliação* é assumida e introduzida no nome do sacramento ao lado de *penitência*. A importância das **celebrações penitenciais** foi aumentada, sem que elas sejam independentes do sacramento, mas como espaços litúrgicos de reconciliação. As celebrações penitenciais eram preparadas e desenvolvidas com a **absolvição geral** dos pecados e com o atendimento e a absolvição individual – a forma tradicional mantida e atualizada. Um dado positivo dessas alterações é a possibilidade de despertar na pessoa a contrição e o arrependimento, que a levam a confessar-se em uma dinâmica terapêutica.

4.1.3 Refletindo para a atualidade

Atualmente, a **confissão auricular** está passando por um momento de crise e revisão. Historicamente, ela substituiu a prática penitencial da Igreja antiga, a qual perdurou durante cinco séculos. Mudanças, questionamentos e diferentes processos penitenciais estiveram presentes na história da Igreja, e, muitas vezes, a prática antecedeu as elaboradas reflexões teológicas e as definições de verdades de fé. O mais importante é perceber a riqueza e a pluralidade de ações e reflexões que iluminaram o sacramento da penitência. Mediante isso, é evidente a necessidade de repensar a penitência, sua teoria e sua prática na atualidade sob aspectos pastorais, sociais, culturais e antropológicos.

Para tal trabalho, a tradição da Igreja tem um papel fundamental. Tradição não é a preservação simples, é também levar em conta os diferentes aspectos que, na história da Igreja, fazem parte de determinado assunto. A tradição é uma forma central de recordar verdades esquecidas e planejar formas criativas.

Um aspecto importante a ser readequado no sacramento da penitência é a estreita ligação desta com a comunhão eclesial. Na confissão auricular, a composição é **sacerdote e fiel**, não há comunidade ali. O confessionário pode simbolizar individualismo na fé e a comunhão não é visível, ainda que ela ocorra, pois Cristo está presente pelo sacerdote, que declara o perdão de Deus. O que não há é a experiência de celebração comunitária, de recebimento, de alegria pela vida renovada, como a prática da Igreja antiga apresentava.

Diferentemente da Igreja antiga, que dava importância à transformação da pessoa ligada diretamente ao contexto coletivo e social do seguimento de Cristo, a teologia escolástica enfatizou a transformação interior do indivíduo. Os dois aspectos, pessoal e social, são de igual importância e pastoralmente constituem um desafio.

Penitenciar e **reconciliar** é a redescoberta teológica de nosso tempo e tema central da penitência nos primeiros séculos da Igreja. Reconciliar é básico para o sacramento da penitência: o perdão vem de Deus, na ação comunicativa do ser humano, que é curado em seu interior (II Coríntios, 5: 18-20). A reconciliação é social, ou seja, apesar de suas limitações, a pessoa recebe a solidariedade de Deus para caminhar amparada pela força da comunidade, centrada em Cristo. Por isso, pedir perdão dos pecados é agir na direção do outro. Pecar não diz respeito somente a mim, mas também ao outro (Mateus, 5: 24; 6: 14-15; 18: 23-35). Reconciliação é cura, é sair do que traz fraqueza à vida; é ter paz novamente, comunicar-se livremente, ser reconhecido como pessoa digna, superar inquietudes e isolamentos.

Mesmo encontrando indicações de uma suposta exclusão na Bíblia (Mateus, 18: 15-18) da prática da Igreja antiga da penitência de excomunhão, é importante observarmos algo: o fecho das ações sempre considera a **pessoa mais importante que a punição**. Não há ação excludente de Jesus com os discípulos. Na Igreja antiga, ainda que punindo a pessoa, a comunidade a preparava para retornar, e, mesmo reincidindo, a misericórdia de Deus era o destino do fiel. Assim, é importante frisar que a ação da comunidade e da Igreja é limitada, é diferente da ação do divino. A Igreja é o corpo de Cristo, instrumento de reconciliação, mas é sujeita a erros e enganos. Essa consciência é fundamental para a verdadeira penitência.

Como destacamos, o sacramento da penitência não foi a única prática penitencial. Existiram inúmeras, entre as quais: a penitência de excomunhão, a penitência privada/confissão auricular, as indulgências, a confissão leiga e as celebrações penitenciais. O que temos hoje é o resultado de um processo gradativo, sempre firmado em bases comuns: **perdoar, reconciliar, converter, sarar, evidenciar o amor de Deus em Jesus Cristo.** Como vimos: a **confissão** dos pecados e a **absolvição** sacerdotal foram e ainda são importantes temas de reflexão teológica.

A relação entre o sacramento e as práticas penitenciais é importante. A ação litúrgica e a profana têm mútua dependência. Na vida diária do cristão e na comunidade, o perdão é uma constante. Penitência é prato para servir o perdão e a cura, com vistas à reconciliação. A prática penitencial da comunidade está na busca de solução de conflitos, no diálogo e no aconselhamento, na leitura das Escrituras e na oração, na confissão de culpa pública por parte da Igreja, nos movimentos de conversão no sentido de mudanças sociais. Em tudo isso e muito mais, há conversão e reconciliação que vem de Deus[5].

Assim como as liturgias, em que a ação reconciliadora está presente – batismo, eucaristia, unção dos enfermos, celebrações penitenciais e toda reunião de fiéis em nome de Jesus –, o sacramento da penitência funciona como um momento especial. Ele é o momento concreto de reconhecimento e conversão, é o primeiro entre as práticas penitenciais, as quais devem remeter ao sacramento da penitência. É o sinal que realiza **juízo** sobre o pecado, para a confrontação, para esclarecer a presença do pecado e para despertar a ação na direção da vida.

---

5 "A celebração litúrgica da reconciliação vive da prática de reconciliação do dia a dia na comunidade (do contrário, fica sem conteúdo), e da profundidade religiosa da reconciliação cotidiana (o fato de que Deus age também ali) é expressa nos sinais litúrgicos" (Nocke, 2002, p. 294).

No sacramento da penitência, há uma ênfase jurídica: existe uma penalidade, mas o processo é diferente, não há réu e acusador; o próprio réu "acusa-se" e toma consciência de suas ações. O sacerdote não julga como juiz, após uma sessão de acusações e defesas, mas absolve ou retém o réu com base naquilo que ele confessa sobre si mesmo. Mais do que penitenciar-se, é abrir-se à cura que salva. O foco não é o castigo nem a inocência, mas a libertação, mesmo havendo culpa, por reconhecimento, não por acusação. A culpa é caminho para a graça, não para a condenação, por isso o juízo do sacramento é o "juízo da graça".

O objetivo do sacramento é a **reconciliação** da pessoa com Deus, com os outros e consigo mesma[6].

É importante chamarmos a atenção para o fato de que pode haver a reconciliação da pessoa com Deus via arrependimento e mudança de vida, mas não com a Igreja, por diferentes motivos. E também o inverso: reconcilio-me com a Igreja, seguindo aquilo que ela propõe sacramentalmente, mas, por disposição interior e vício, não vivo e não busco viver reconciliado com Deus, na abertura para a transformação e a vida nova – ou seja, o **sinal** e a **coisa** no sacramento podem não se encontrar.

A **cura** é o aspecto central da teologia penitencial. Ela é a redenção, o encaminhamento à salvação – quem está curado está liberto. No sacramento da penitência e da reconciliação, anulam-se as penas do pecado, entendido como aquilo que envenenou, perverteu e torturou a pessoa em seu interior, como uma doença que desequilibra seu funcionamento vital.

---

6 "O nível 'teo-lógico' e o nível 'social' estão intimamente inter-relacionados: a reconciliação ocorre na reconciliação com a Igreja. Essa fórmula clássica da teologia da penitência mostra que na estrutura básica de todos os sacramentos: nas relações humanas acontece a proximidade transformadora de Deus" (Nocke, 2002, p. 296).

Atualmente, a teologia penitencial trabalha com a ideia de *pecado grave* e *pecado leve*. Os pecados graves (mortais) são aqueles que excluem a pessoa da comunhão com a Igreja, inclusive da eucaristia. Para retornar, é indispensável o sacramento da penitência e da reconciliação. Os pecados leves (veniais), por sua vez, podem ser superados por meio do diálogo, do aconselhamento e da oração.

Na liturgia atual, existe o **culto de penitência**, cuja importância está no despertar para o arrependimento. Esse culto pode ser preparatório à confissão, como a confissão sacramental pode ser o motivador de uma celebração penitencial. Teologicamente, desde a escolástica, o arrependimento completo é condição para o perdão de Deus, e esse perdão pode ocorrer fora do sacramento, mas ele ainda é realizador e sinalizador da reconciliação com Deus e com a Igreja. Assim, mesmo o pecado grave, cujo arrependimento aconteceu e recebeu o perdão de Deus, deve ser confessado pelo sacramento.

A respeito do culto de penitência, poderíamos indagar o seguinte: ele poderia ser uma forma de sacramento da penitência? A pergunta é no sentido de explicar se, durante uma celebração, poderia haver o anúncio do perdão para todos os pecados, de maneira que a pessoa pudesse ter plena comunhão e participar de tudo aquilo que a Igreja oferece. Isso desde que ela tenha se arrependido e suplicado o perdão de Deus, sem a obrigação da confissão auricular posterior, ainda que, como uma ação livre de reconhecimento e amor a Deus, a pessoa possa recorrer à confissão auricular em momento oportuno. Essa hipótese contraria o Concílio de Trento, que determina que, para haver perdão, tem de haver confissão ao sacerdote (Denzinger, 1963), o que abre outra questão: Seria definição do Concílio Ecumênico de Trento eterna e irrevogável ou uma definição dogmática marcada pelo contexto da época?

Indicações pastorais aprovam a absolvição geral sem a confissão auricular para lugares onde não é possível a confissão de cada um individualmente. Se isso é possível, não seria possível o culto de penitência ser sacramental?

4.2 O sacramento da unção dos enfermos

A teologia escolástica, própria do contexto histórico medieval, desenvolveu uma forma interessante para situar a **unção dos enfermos**, alinhando-a a outros sacramentos: o batismo é o sacramento dos que chegam; o crisma, a eucaristia e a penitência são os sacramentos dos que caminham; a unção dos enfermos, por sua vez, é o sacramento dos que partem (Nocke, 2002). Mas tanto a teologia quanto a liturgia e a pastoral, amparadas nas Escrituras, atualizam e resgatam o sentido desse sacramento, indo além da ideia de unção somente para a morte.

A partir do Concílio Ecumênico Vaticano II, o nome do sacramento foi alterado de *extrema-unção* para *unção dos enfermos* (CVII, 1963, n. 73). Há uma importante mudança de foco: de sacramento para a hora da morte para **sacramento de auxílio ao doente**. Contudo, ao observarmos o cotidiano da vida dos cristãos católicos, receber a unção dos enfermos ainda tem unilateralmente o peso de proximidade com a morte. As discussões da teologia vão se desenvolver sob o contexto do **momento** de ministrar a unção, seu efeito, o que significam *enfermidade, morrer* e *morte* e a quem é dada a função de **administrar** a unção dos enfermos[7].

4.2.1 O que diz a Bíblia?

No contexto histórico israelita, a enfermidade tinha forte ligação com o afastamento de Deus, a ira de Deus, o fim das relações saudáveis e a culpa. Gradativamente, o aspecto redutivo de enfermidade como castigo por uma culpa individual ou coletiva foi superado. Isso está explicito em Jó e nos ditos e gestos de Jesus (Jó, 42: 7-9; Lucas, 13: 1-5; João, 9: 1-3, entre outros).

Na Bíblia, a palavra *enfermidade* também é usada como metáfora para diferentes situações espirituais, sociais e psicológicas, como perseguição, fracasso e desvios da fé. Podemos constatar isso por meio de exemplos nos salmos de enfermidade, que tratam de situações pessoais e comunitárias de afastamento de Deus, reconhecimento de culpas, hostilidade, traição, isolamento etc. (Salmos, 38: 22; 41; 88: 15; Isaías, 38: 9-20). Da mesma forma, é manifesta a crença de que: de Deus vem a cura e curar é uma ação medicinal, como o retorno à vida do filho da viúva de Sarepta e a cura de Naamã (I Reis, 17: 17-24; II Reis, 5)[8].

---

7 "Na história das religiões, enfermidade nunca é considerada como problema meramente medicinal, e, sim, sempre também como símbolo de uma ameaça abrangente: como ameaça de toda existência, sim, como expressão de uma subordinação cósmica, como exposição a poderes inimigos da vida ("demônios"), como experiência de ira divina" (Nocke, 2002, p. 301).

8 "À semelhança da 'enfermidade', também a 'cura' pode tornar-se metáfora abrangente: Javé 'cura os sofrimentos de seu povo e ata suas feridas' (Isaías, 30: 26), ele 'cura' seus filhos de sua rebeldia (Isaías, 57: 18; Jeremias, 3: 22), sua instrução é como remédio curador: 'Eu sou Javé que te cura' (Êxodos, 15: 26)" (Nocke, 2002, p. 302).

No Novo Testamento, Jesus realiza curas como indicações da chegada do Reino de Deus (Mateus, 9: 35; 10: 7; 11: 5; Lucas, 11: 20). Cuidar de quem está doente era tarefa central nas comunidades cristãs do Novo Testamento (I Coríntios, 12: 9; Tiago, 5: 14; Mateus, 26: 36-43), e a cura de doenças, uma experiência importante de proximidade com Deus (1 Coríntios, 12: 9; Atos, 5: 15; 19: 11; 28: 8), inclusive em sentido metafórico de libertação e cura integral do ser humano: "Ouvindo isso, Jesus lhes disse: 'Não são os que têm saúde que precisam de médico, mas os doentes'" (Marcos, 2: 17). Em diferentes trechos dos Evangelhos, Jesus realiza a ação de tocar fisicamente nos enfermos. O **toque** é o método e a própria cura, um sinal material de experiência do Reino de Deus. E Jesus torna-se conhecido por seus gestos que curavam, por isso há várias referências a isso nos Evangelhos: a cura da sogra de Pedro (Marcos, 1: 31), a mulher encurvada (Lucas, 13: 13), curas de surdez e cegueira (Marcos, 7: 32-35; Marcos, 8: 22-25; João, 9: 6), entre outras.

O ato de ungir a pessoa enferma (unção dos enfermos) encontra base em dois textos do Novo Testamento: o texto de Marcos (6: 13), em que os doze apóstolos, uma vez enviados por Jesus, indo por diferentes lugares e chamando as pessoas à mudança de vida, expulsam demônios e ungem os doentes com óleo – uma união de ação missionária e cura de enfermidades, com destaque ao **óleo** como símbolo de alívio da dor e de fortalecimento do corpo (Isaías, 1: 6; Lucas, 10: 34). **Os doze apóstolos continuaram as ações de Jesus e, por meio de sinais, realizaram o que ele fez.**

Em Tiago (5: 14-15), lemos: "Alguém dentre vós está doente? Mande chamar os presbíteros da Igreja para que orem sobre ele, ungindo-o com óleo em nome do Senhor. A oração da fé salvará o doente e o Senhor o porá de pé; e se tiver cometido pecados, estes serão perdoados". Esse é um texto de estrutura litúrgica: chama-se o presbítero e faz-se uma oração sobre o doente, ungindo-o. Destaque para a relação entre *orar* e *ungir*. O termo *salvar* e a expressão *pôr de pé* são importantes. *Salvar* remete a algo mais que o momento de cura física, é a indicação escatológica. *Levantar e pôr de pé* têm amplo significado: ressuscitar, despertar ou curar de uma doença (I Coríntios, 15: 4; Mateus, 1: 24; Marcos, 1: 31; 9: 27; Atos, 3: 7). E, por condicionamento à fé do enfermo e à oração, realiza-se também o perdão. O ato de ungir abre a experiência tanto para a superação da enfermidade física quanto para a esperança da vida nova, em que não há nenhum tipo de enfermidade[9].

4.2.2 O caminho histórico-teológico do sacramento da unção dos enfermos

Durante os primeiros quatro séculos da Igreja, ungir os enfermos estava na prática da oração e da unção com o óleo. Há uma carta escrita pelo Papa Inocêncio I (402-417), endereçada ao bispo de Gubbio, em que há referência ao texto de Tiago (5: 14-15). A carta aborda o uso do óleo consagrado pelo bispo para a unção dos cristãos em necessidades pessoais e coletivas. Até o século VIII, houve intenso uso do óleo consagrado pelos bispos durante a liturgia eucarística. Pela invocação do Espírito Santo, esse óleo recebia o poder curativo e era utilizado por leigos e presbíteros. O óleo não se destinava apenas aos agonizantes para a morte, mas tinha o objetivo de cura da enfermidade física e espiritual (Nocke, 2002).

Depois do século VIII, começou a ocorrer uma ênfase teológica diferente e uma mudança na prática da Igreja: a unção ganhou destaque em momentos limites de doença e passou a ser proferida na

---

9 "Quem salva e ergue é o Senhor (tg, 5: 15). Mas o enfermo experimenta a proximidade do Senhor que salva e ergue nas palavras e nos gestos simbólicos daqueles que o procuram. Com isso se aponta uma inter-relação que se reencontra no posterior conceito de sacramento" (Nocke, 2002, p. 304).

proximidade da morte. Essa mudança teve ligação com as **longas penitências** impostas aos que cometiam pecados e que exigiam um tempo longo de conversão e de revisão de vida. Além disso, houve centralização da unção administrada apenas por um **presbítero** e, por fim, o costume de ministrar a unção após o agonizante confessar-se e comungar, prática que ganhou importância principalmente a partir do século XIII (Nocke, 2002). Dessa forma, ocorreu uma mudança de termos influenciada pela prática e pela reflexão teológica: de *óleo dos enfermos* para *unção dos enfermos realizada no fim*, segundo Pedro Lombardo, e *extrema-unção*, conforme Santo Tomás de Aquino. Esse último considera que a unção do enfermo cura o que ainda resta do pecado e fortifica a alma para aproximar-se de Deus; sendo assim, o momento em que a morte se aproxima é a melhor hora para receber o sacramento (Nocke, 2002). Ainda sobre a administração do sacramento:

> "O ministrante é o sacerdote" (DH 695). Essa também é a linha seguida pelo Concílio de Trento (1545-1563) [...] [para o qual] o sacramento dever ser administrado aos enfermos, "especialmente" aos que se encontram em perigo de morte (DH 1698) [...] Em oposição aos reformadores, que não viam nos "presbíteros" de tg, 4, 14 ministros ordenados, e, sim, meros anciãos da comunidade, o Concílio ensina que ministrante "ordinário" (proprius) da extrema-unção é "exclusivamente o sacerdote" (DH[10] 1719/703). Com isso fica em aberto a pergunta se, ao lado dos ministrantes ordinários, não poderiam ser admitidos também ministrantes extraordinários do sacramento. (Nocke, 2002, p. 305)

---

10 A sigla DH refere-se ao *Manual dos símbolos, definições e declarações da Igreja em matéria de fé e costumes* (Denzinger, 1963), conhecido também por *Enchiridion symbolorum*, compilado originalmente por Heinrich Denzinger.

No século XX, com o Concílio Ecumênico Vaticano II, houve um resgate bíblico e eclesial (conforme a prática dos primeiros séculos do cristianismo) do entendimento e do uso da unção dos enfermos. O termo *unção dos enfermos* foi retomado, substituindo a terminologia tridentina *extrema-unção*, explicitando-se que esse sacramento não é exclusivo para os que estão em proximidade da morte (CVII, 1963, n. 73). As novas orientações explicam que a unção com o óleo tem a finalidade de proteger corpo, alma e espírito para libertar a pessoa de enfermidades, fraquezas e dores (CNBB, 1975, p. 155). A nova fórmula de ministração do sacramento ficou assim:

"Por esta santa unção e pela sua piíssima misericórdia, o Senhor venha em teu auxílio com a graça do Espírito Santo, para que, liberte dos teus pecados". Na administração dos sacramentos dos moribundos, a unção dos enfermos antecede novamente a comunhão: o sacramento derradeiro é o "viático", para o fortalecimento para a "passagem desta vida". (Nocke, 2002, p. 305)

Desse modo, temos, na vida pastoral das comunidades cristãs católicas, a continuidade da vivência sacramental da oração e unção daqueles que se encontram doentes, conforme as Escrituras nos ensinam e a tradição da Igreja confirma através dos séculos, bem como os novos desafios que a vivência da fé em comunidade apresentam para todos os cristãos batizados, na permanente tarefa de cuidar uns dos outros nos dias de hoje.

4.2.3 Refletindo para a atualidade

É possível estabelecer alguns enfoques teológicos e práticos sobre o sacramento da unção dos enfermos. O primeiro deles é o contexto das comunidades neotestamentárias até o século VIII; o segundo é o contexto medieval e a revisão de conceitos e práticas da segunda metade do século XX.

Podemos verificar, por meio dos textos bíblicos do Novo Testamento e de registros dos primeiros séculos do cristianismo, que nesse período os doentes eram ungidos por um ministro ordenado ou por leigos em unções privativas. **O que fica explícito é a compreensão da ação curativa de Deus**. Na Idade Média, o foco teológico passou a ter um caráter restritivo da unção como um sacramento para a hora da morte. A morte, aliás, era tema apreciado no contexto religioso da cristandade medieval, mais do que na modernidade. Por fim, surgiu uma nova visão por meio do resgate bíblico e das contribuições da extensa tradição da Igreja considerando as revisões feitas pelos documentos conciliares do Concílio Ecumênico Vaticano II.

Estar enfermo é perceber-se incapaz, privado, enfraquecido na possibilidade de viver. Uma dessas situações é o momento da morte. Assim, o lugar da unção dos enfermos é a enfermidade, não exclusivamente a morte.

Isso posto, é fundamental refletir sobre o sentido do sacramento da unção dos enfermos com base em sua **situação** e seu **significado**.

A **situação** do sacramento da unção dos enfermos, tendo como base a Bíblia, é a **vida**. Viver está além do simples funcionamento biológico e também não é exclusivamente uma relação com o sobrenatural: é um relacionamento com Deus, com as pessoas, com as coisas. Viver é ter experiências boas e ruins, sentir o amor e a sua ausência. O que ameaça a vida é aquilo que coloca em perigo relações e experiências e as destrói; é o que impossibilita a pessoa de amar e experimentar a vida. Adoecer é uma situação de ameaça, pois enfermidade é aquilo que fragiliza as relações, que impede a pessoa de ser o que ela é. Estar enfermo, portanto, é ter a vida ameaçada. Essa ameaça pode estar localizada no organismo, nas relações humanas ou na relação com Deus. Estar enfermo é perceber-se incapaz, privado, enfraquecido na possibilidade de viver. Uma dessas situações é o momento da morte. Assim, **o lugar da unção dos enfermos é a enfermidade, não exclusivamente a morte**. O **significado** do sacramento é a ajuda para fortalecer a vida e para encontrar a salvação. Curar a enfermidade é fortalecer a vida, é fazer valer novamente a esperança e possibilitar à pessoa amar novamente. Esse significado está presente no sacramento da unção dos enfermos com base em seus sinais.

O primeiro deles é a **presença de outros** (comunidade) ajudando o doente. Há ainda os **gestos**, como impor as mãos (aproximação e transmissão da graça de Deus), **ungir** com o óleo (suavizar a dor, trazer fortalecimento), e a **oração**, que aproxima o enfermo de Deus, justamente porque destaca a misericórdia do Senhor, a ajuda dele pela ação do Espírito Santo, o erguimento, a libertação, a salvação. A unção dos enfermos, portanto, visa melhorar a condição biológica e fortalecer a esperança na ressurreição, na vida plena.

Comparativamente, perceber que a experiência de estar curado de uma dor física, de um desequilíbrio orgânico, é algo libertador e renovador permite ao fiel refletir sobre o que seria a libertação plena de todos os males que afligem sua vida, da superação de todo limite material, de toda finitude e imperfeição – enfim, a vida plena no Reino de Deus[11].

Para a eclesiologia, a unção dos enfermos tem dois aspectos importantes: **comunhão de fé**, ou seja, pertencimento à comunidade dos fiéis cristãos (visivelmente no ministro da unção dos

---

[11] "O sentido da unção dos enfermos pode, portanto, ser resumido da seguinte forma: numa situação, na qual o ser humano experimenta a ameaça fundamental a sua vida em seu próprio corpo, oração e unção da comunhão eclesial se tornam sinal realizador da proximidade de Deus, que salva e fortalece a vida. Desse modo a Igreja cumpre sua missão de, no discipulado de Jesus, que se dedicou especialmente aos enfermos, anunciar que o Evangelho da salvação de Deus está próximo" (Nocke, 2002, p. 305).

enfermos), e **diaconia**, serviço de atendimento e cuidado aos que estão doentes. A comunhão e a diaconia são partes integrantes da missão da Igreja no mundo.

Síntese

Neste capítulo, vimos que os pecados cometidos após o batismo são perdoados pelo sacramento da penitência e da reconciliação (João 20: 22-23). O pecado ofende a Deus e violenta a dignidade humana, a condição do homem como filho de Deus e a comunhão eclesial. Voltar-se para Deus e estabelecer novamente a comunhão com ele é uma manifestação da graça do próprio Deus, que é misericordioso e interessado na salvação dos seres humanos. A administração do sacramento da penitência e da reconciliação é constituída por três momentos importantes: **arrepender-se**, **confessar os pecados** ao sacerdote e decidir **reparar o pecado** cometido. O arrependimento deve ser motivado pelo reconhecimento da ofensa a Deus e da rejeição ao seu amor.

Verificamos, também, que os pecados graves são de confissão obrigatória e os pecados veniais são de confissão opcional, mas recomendada. Somente os sacerdotes, que contam com a autorização da Igreja, têm a permissão de ouvir as confissões e absolver os homens dos pecados em nome de Jesus Cristo. Os efeitos espirituais do sacramento da penitência são: reconciliação com Deus e com a Igreja, remissão da pena eterna, remissão em parte das penas temporais, paz e serenidade da consciência, consolação espiritual e acréscimo das forças espirituais para o combate cristão (Santa Sé, 1992, n. 1596). Por meio de indulgências, os cristãos podem alcançar para si e para outros (as almas no purgatório) a extinção (remissão) das penas geradas pelos pecados.

Vimos, ainda, que o sacramento da unção dos enfermos entrega aos cristãos que estão em sofrimento por causa da saúde ou da idade uma graça especial de auxílio e reerguimento (Tiago, 5: 14-15). A ocasião de recepção desse sacramento é no momento de perigo de morte, de doença, de idade avançada e de enfermidades de todos os tipos. Ao final, estudamos que a unção dos enfermos é realizada pelos presbíteros e bispos, utilizando óleo bento. A celebração realiza-se pela unção da fronte e das mãos do cristão, como de costume no rito da Igreja latina; nos ritos orientais, ungem-se também outras partes do corpo. A unção é feita junto com a oração, pedindo os favores de Deus pela pessoa enferma. O sacramento da unção dos enfermos tem como efeitos: a união do doente à paixão de Cristo, para o seu bem e o de toda a Igreja; o conforto, a paz e a coragem para suportar cristãmente os sofrimentos da doença ou da velhice; o perdão dos pecados, se o doente não pôde obtê-lo pelo sacramento da penitência; o restabelecimento da saúde, se tal for conveniente para a salvação espiritual; a preparação para a passagem para vida eterna (Santa Sé, 1992, n. 1532).

Indicações culturais

Livro

BOFF, L. **Os sacramentos da vida e a vida dos sacramentos**: *Minima Sacramentalia*. Petrópolis: Vozes, 1980.

O teólogo Leonardo Boff procura despertar a dimensão mais adormecida e profana dos sacramentos, mais ligada à vida cotidiana. Com pequenas histórias, o autor reúne o entendimento à lógica e à estrutura dos sacramentos. É uma obra indicada para o resgate das riquezas cotidianas da religião.

Sites

PORTUGAL, W. A. Catequese sobre o sacramento da confissão. **Presbíteros**: um site de referência para o clero católico. Disponível em: <http://www.presbiteros.com.br/site/catequese-sobre-o-sacramento-da-confissao/>. Acesso em: 10 ago. 2016.

Conforme indicado no próprio título, este é um *site* de referência para o clero católico e que também poderá auxiliá-lo no conhecimento mais profundo sobre a fé cristã. O objetivo desse *site*, que possui plena sintonia com o magistério da Igreja, é oferecer uma grande diversidade de materiais sobre espiritualidade, pastoral, teologia moral e liturgia. Além disso, apresenta roteiros homotéticos para auxiliar presbíteros no seu ministério pastoral.

SANTA SÉ. A celebração do mistério cristão. In: SANTA SÉ. **Catecismo da Igreja Católica**: segunda parte. 1992. Disponível em: <http://www.vatican.va/archive/cathechism_po/index_new/p2s2cap1_1420-1532_po.html>. Acesso em: 10 ago. 2016.

Neste *link* você encontra a parte do Catecismo da Igreja Católica que aborda o sacramento da penitência e da reconciliação. Sugerimos que você realize uma leitura atenta e consulte as referências indicadas nas notas de modo a aprofundar seu conhecimento sobre a doutrina desse sacramento.

UNÇÃO DOS ENFERMOS: o sacramento da cura. **Catequese Católica**. Disponível em: <http://www.catequisar.com.br/texto/catequese/crisma/apostila/01/imaculada/sacramento/11.htm>. Acesso em: 10 ago. 2016.

Este é um *site* que oferece subsídios principalmente para catequistas. Os textos em sua maioria são apresentados em forma de questionário para auxiliar na compreensão do conteúdo consultado.

No *link* está indicado o texto que trata do sacramento da unção dos enfermos e, entre outras questões, procura responder sobre quem pode receber essa unção. Acesse e conheça mais sobre esse sacramento.

Vídeo

KOXNE, O. **Eucaristia, reconciliação, unção dos enfermos**. Série Sacramentos, v. 2. 2005. 114 min. 1 DVD.

Vídeos da série "Sacramentos" com conteúdo sobre cada um dos sacramentos, próprios para os cursos de preparação. Com enfoque bíblico, teológico e litúrgico, proporcionam o conhecimento e o aprofundamento da fé pessoal e comunitária. São auxílios para as atividades pastorais, paroquiais, familiares e comunitárias.

Atividades de autoavaliação

1. "O sacramento da reconciliação foi criado pelo próprio Jesus. Ele confiou à Igreja, nascida dele e do Espírito Santo, o encargo de perdoar ou não os pecados da humanidade, segundo o que disse a Pedro, chefe dos apóstolos, em Mateus (16: 19; 18: 18)" (Bortolini, 2013, p. 116).

   Com base em nossos estudos, leia as alternativas a seguir e assinale a que apresenta a explicação do que é a excomunhão pública única, uma forma de penitência aplicada pela Igreja antiga.

   a) Forma de penitência em que a pessoa era excluída da eucaristia para ter um tempo de purificação de pecados graves, como adultério, homicídio e apostasia. A reconciliação acontecia pela readmissão do pecador na comunidade, em liturgia especial, normalmente na quinta-feira anterior à Páscoa. Tinha característica de ser única, aplicada uma vez na vida. Caso a pessoa voltasse a realizar os mesmos delitos, era entregue à misericórdia de Deus e a ela não eram negados o atendimento e a comunhão eucarística no momento da agonia para a morte.

b) Penitência "repetida", apesar de rejeitada pelos líderes eclesiásticos, impôs-se pela prática e foi assumida oficialmente a partir do século XIII. Suas características são: repetição, sigilo, diminuição do tempo de penitência.

c) Constitui-se no tempo de penitência necessário para a satisfação e a readequação da vida da pessoa, em que ela deveria redirecionar-se para a graça de Deus, cumprir a pena dada pelo sacerdote e retornar para ser absolvida.

d) Excomunhão pública única como forma penitencial em que o papel do sacerdote é exclusivo. O sentido de reconciliar-se com a comunidade, com o outro e com Deus via relacionamento humano no amor ficava obscurecido.

e) Prática penitencial dita *tarifária*, por meio de ações ou doações que a pessoa deveria fazer como forma de penitenciar-se (por exemplo, a comutação da penitência, substituindo a pena por esmola ou dinheiro).

2. "Na Bíblia existem muitas citações que remetem à misericórdia, ao perdão dos pecados. Uma delas é a Parábola do Filho Pródigo (Lucas, 15: 11-32), um texto de muita profundidade sobre o amor de Deus para com seus filhos" (Bortolini, 2013, p. 135).

Com base no trecho anterior, leia com atenção as afirmativas a seguir:

i) Na Bíblia, há uma estreita relação entre culpa e sofrimento, entre salvação e perdão, o que podemos ver no próprio texto da queda (Gênesis, 3; 4: 1-16; 6-8; 11: 1-9; 12: 1-3). Normalmente, há uma estrutura narrativa padrão: homem e mulher pecam, as consequências do que fizeram são sentidas (culpa), ambos compreendem por uma ação divina o peso do que fizeram e uma nova chance lhes é dada por Deus.

ii) A experiência da renovação e da libertação é testemunhada nas Escrituras: Deus oferece a oportunidade, o ser humano se abre e se renova. "– Voltai, filhos rebeldes, eu vos curarei de vossas rebeliões!" (Jeremias, 3: 22); "Eu porei minha lei no seu seio e a escreverei em seu coração" (Jeremias, 31: 33) e "O Deus, cria em mim um coração puro, renova um espírito firme no meu peito" (Salmos, 51: 12).

iii) No Novo Testamento, Jesus realiza curas como indicações da chegada do Reino de Deus (Mateus, 9: 35; 10: 7; 11: 5; Lucas, 11: 20). Cuidar de quem está doente é uma tarefa central nas comunidades cristãs do Novo Testamento (I Coríntios, 12: 9; Tiago, 5: 14; Mateus, 26: 36-43), sendo a cura de doenças uma experiência importante de proximidade com Deus (I Coríntios, 12: 9; Atos, 5: 15; 19: 11; 28: 8).

iv) Os Evangelhos apresentam uma relação direta e profunda entre curar e perdoar pecados. Jesus liberta do pecado e cura a pessoa, e curar na ação de Jesus é fazer sarar o todo da pessoa: ao curar uma doença, Jesus também reintegra o ser humano. Na cura do paralítico, o Evangelho destaca o perdão dos pecados (Marcos, 2: 1-12).

v) Em diferentes trechos dos Evangelhos, Jesus realiza a ação de tocar fisicamente nos enfermos. O toque é o método e a própria cura. E Jesus torna-se muito conhecido por seus gestos que curavam, por isso há várias referências a isso nos Evangelhos: a cura da sogra de Pedro (Marcos, 1: 31), a mulher encurvada (Lucas, 13: 13), curas de surdez e cegueira (Marcos, 7: 32-35; 8: 22-25; João, 9: 6).

Agora, assinale a alternativa que contém as afirmações cujas indicações bíblicas remetem ao sentido dado ao sacramento da penitência e da reconciliação:

a) I, II e IV.
b) II, III e IV.
c) III, IV e V.
d) I, II e V.
e) II, III e V.

3. "Os sacramentos são sinais, gestos instituídos, ao menos em germe, por Cristo, e entregues à Igreja que os desenvolveu através dos tempos. São encontros marcados por Cristo em nossa vida. Encontros para as diversas realidades ou situações que o homem vive durante a vida, desde o nascimento até à morte" (Ribolla, 1990, p. 82).

Com base nessas informações e de acordo com seus conhecimentos sobre a confissão individual (auricular), leia as afirmativas a seguir e marque V para verdadeiro e F para falso:

( ) Atualmente, a confissão auricular está passando por um momento de crise e revisão. Essa prática foi historicamente a que substituiu a prática penitencial da Igreja antiga.

( ) Na confissão auricular, a composição é **sacerdote** e **fiel**, não há comunidade naquele momento. O confessionário pode simbolizar individualismo na fé, não sendo visível a comunhão.

( ) Cristo está presente pelo sacerdote, que declara o perdão de Deus, portanto, não deixa de haver comunhão. Isso é equivalente à experiência de celebração comunitária, de recebimento, de alegria pela vida renovada, como apresentado na prática da Igreja antiga.

( ) A teologia escolástica enfatizou a transformação interior do indivíduo, enquanto a Igreja antiga focava na transformação da pessoa ligada diretamente ao contexto coletivo e social conjuntamente a Cristo. Os dois aspectos – pessoal e social – são de igual importância.

( ) A reconciliação é algo básico para o sacramento da penitência: o perdão vem de Deus, na ação comunicativa do ser humano, curado em seu interior (II Coríntios, 5: 18-20). A reconciliação é social, a pessoa recebe a solidariedade de Deus para caminhar, sempre amparada pela força da comunidade centrada em Cristo.

Agora, assinale a alternativa que apresenta a sequência correta:

a) V, V, F, V, V.
b) V, V, V, F, V.
c) V, V, V, V, F.
d) F, V, V, V, V.
e) V, F, V, V, V.

4. A unção dos enfermos é um sacramento instituído por Jesus, conforme atestam diferentes passagens bíblicas sobre as curas que ele realizava. Nas cartas do Novo Testamento, temos a recomendação para a visita aos doentes em Tiago (5: 14-15).

Assim, leia atentamente as afirmativas a seguir sobre a cura:

I) Nas Escrituras, temos uma forte ligação entre culpa e sofrimento, entre salvação e perdão, como podemos conferir no livro de Gênesis (3; 4: 1-16; 6-8; 11: 1-9; 12: 1-3), em que há uma visão panorâmica sobre os seres humanos: as consequências dos seus pecados são sentidas pela culpa e eles compreendem por uma ação divina o peso do que fizeram e Deus concede a eles uma nova chance.

ii) Renovar-se e libertar-se são experiências que a Bíblia testemunha. Uma nova oportunidade é oferecida por Deus para o ser humano renovar-se: "— Voltai, filhos rebeldes, eu vos curarei de vossas rebeliões!" (Jeremias, 3: 22); "Eu porei minha lei no seu seio e a escreverei em seu coração" (Jeremias, 31: 33) e "Ó Deus, cria em mim um coração puro, renova um espírito firme no meu peito" (Salmos, 51: 12).

iii) Nos escritos do Novo Testamento, Jesus cura como sinal da chegada do Reino de Deus. Temos essas referências em Mateus (9: 35; 10: 7; 11: 5, 20), por exemplo. O cuidado com os doentes é uma tarefa fundamental nas comunidades cristãs do Novo Testamento (I Coríntios, 12: 9; Tiago, 5: 14; Mateus, 26: 36-43). A cura de doenças é uma experiência importante de proximidade com Deus relatada pelos autores bíblicos do Novo Testamento (I Coríntios, 12: 9; Atos, 5: 15; 19: 11; 28: 8).

iv) Curar e perdoar pecados é uma relação direta que aparece nos Evangelhos. Jesus, ao curar uma doença, também reintegra a pessoa; na cura do paralítico, por exemplo, o redator do Evangelho destaca o perdão dos seus pecados e a sua reintegração ao convívio social (Marcos, 2: 1-12). Jesus liberta do pecado e cura a pessoa, e curar na ação de Jesus é fazer sarar o todo do ser humano, inclusive a exclusão social, uma forma de patologia da sociedade.

v) Em diferentes trechos dos Evangelhos, Jesus toca fisicamente os enfermos. O toque é o método para curar, e a própria cura é um sinal de experiência material do Reino de Deus. Jesus tornou-se conhecido entre as pessoas de seu tempo por seus gestos que curavam, por isso há várias referências nos Evangelhos: a cura da sogra de Pedro (Marcos, 1: 31), a mulher encurvada (Lucas, 13: 13), curas de surdez e cegueira (Marcos, 7: 32-35; 8: 22-25; João, 9: 6).

Agora, assinale a alternativa que contém as afirmações cujas indicações bíblicas remetem ao sentido dado ao sacramento da unção dos enfermos:

a) I, II e IV apenas.
b) II, III e IV apenas.
c) III, IV e V apenas.
d) I, II e V apenas.
e) III e V apenas.

5. "A unção dos enfermos é o sacramento da salvação total, do corpo e do espírito ao mesmo tempo, pois eles fazem parte de uma única realidade: o homem" (Bortolini, 2013, p. 146).

Tendo isso em mente, leia as afirmações a seguir e assinale V para verdadeiro e F para falso:

( ) Na história da Igreja, nos primeiros quatro séculos, os enfermos eram ungidos no contexto da prática de oração, recebendo uma unção com óleo. Em uma carta do Papa Inocêncio I, utilizando da citação bíblica de Tiago (5: 14-15), ele trata sobre a utilização de óleo consagrado pelos bispos para ungir os cristãos quando assim necessitassem.

( ) A partir do oitavo século, começou uma prática diferente na Igreja quanto à unção dos enfermos em razão de novos enfoques teológicos. Restringiu-se a unção aos momentos-limite de uma doença, de preferência próximo à morte, em virtude das longas penitências impostas aos que cometiam pecados e que exigiam um tempo longo de conversão, de revisão de vida.

( ) A retomada bíblico-eclesial da unção dos enfermos inspirada na prática dos primeiros séculos do cristianismo aconteceu a partir do Concílio Ecumênico Vaticano II.

( ) Manteve-se, a partir do Concílio Ecumênico Vaticano II o termo *extrema-unção*, conforme a terminologia tridentina, e explicitou-se que esse é o sacramento exclusivo para os que estão em proximidade da morte.

Agora, assinale a alternativa que apresenta a sequência correta:

a) V, V, V, F.
b) F, V, V, V.
c) V, F, V, V.
d) V, V, F, V.
e) V, V, V, V.

Atividades de aprendizagem

Questões para reflexão

1. Penitenciar e reconciliar são atos de redescoberta teológica de nosso tempo e temas centrais da penitência nos primeiros séculos da Igreja. Escreva sobre o significado da relação entre penitência e reconciliação.

2. Durante a leitura deste capítulo, destacamos que o sacramento da penitência não é a única prática penitencial. Pesquise no livro outras práticas penitenciais e qual foi a relação delas com o sacramento da penitência e da reconciliação.

3. Com base em nossos estudos, e principalmente na compreensão atual do sacramento da unção dos enfermos, apresente um comentário envolvendo as ideias de vida, enfermidade e unção dos enfermos.

Atividade aplicada: prática

1. Será que todos os cristãos, engajados ou não nas comunidades, têm amplo entendimento da vivência da penitência e da reconciliação? Esse é um desafio teológico e pastoral significativo. Procure organizar um **material** e um **método** de aproximar as pessoas via formação comunitária do sacramento da penitência e da reconciliação. Um dos autores citados neste livro, Padre José Bortolini, na obra *Os sacramentos em sua vida* (2013), apresenta, nas páginas 127 a 134, orientações para o desenvolvimento pleno da vivência sacramental. É uma ótima referência para começar a se pensar em um plano de ação comunitária para o aprofundamento da compreensão desse sacramento.

capítulo cinco

Sacramentos do serviço da comunhão: ordem e matrimônio[1]

1 Todas as passagens bíblicas utilizadas neste capítulo são citações da Bíblia de Jerusalém (2002). Os documentos da Igreja Católica que foram publicados pelo Concílio Ecumênico Vaticano II (1961-1965) são indicados pela sigla CVII. Na seção "Referências", esses documentos estão elencados sob a autoria de CVII – Concílio Ecumênico Vaticano II.

05

Neste capítulo, abordamos os sacramentos da ordem e do matrimônio, denominados *sacramentos do serviço*, porque têm uma função essencialmente relacional e colaboram de modo especial para a propagação da vida da Igreja. São sacramentos que estão a serviço da comunhão e da missão dos fiéis.

A aliança entre um homem e uma mulher no matrimônio cria uma comunidade de doação e amor recíproco. Como uma família, marido e mulher são chamados à santidade e a santificar-se mutuamente. Já os ministros ordenados são chamados para o serviço na comunidade e para ela.

Contudo, matrimônio e ordem são também diferentes entre si. Enquanto o matrimônio, sem perder sua dimensão eclesiológica, pertence mais à organização da vida social, a ordem é um sacramento especificamente eclesial.

5.1 O sacramento da ordem

O **sacramento da ordem** tem sua origem em Cristo, o maior e único sacerdote. O sacerdócio descrito no Antigo Testamento prefigurava o que se realizaria depois com Jesus. Contudo, antes de tratarmos especificamente da abordagem bíblica, é importante fazermos algumas considerações a respeito do termo *ordem*. Essas considerações servirão para dar um direcionamento adequado para as reflexões que faremos posteriormente.

Segundo Santo Tomás de Aquino, *ordem* é uma unidade de vários elementos referidos entre si segundo uma regra (Santa Sé, 1992, n. 1537). Essa definição se refere ao termo, e não ao sacramento. Na antiguidade romana, a palavra *ordem* designava "corpos constituídos no sentido civil, sobretudo o corpo dos que governavam" (Santa Sé, 1992, n. 1537). Assim, *Ordinatio* (ordenação) designava o ato de integração num *ordo* – ordem. O termo *ordem* significa disposição, lei, regra estabelecida pela autoridade, mandato, sucessão fixa (Santa Sé, 1992, n. 1537).

Na Igreja, existem corpos constituídos que a tradição, fundamentada nas Escrituras (Hebreus, 5: 6; 7: 11; Salmos, 110: 4), chama desde os tempos antigos pelo termo grego *táxis (Ταξισ)*, que significa "ordenar, marcar, determinar, por próprio impulso, função e condição de qualidade" (Santa Sé, 1992, n. 1537). Em latim, o termo correspondente é *ordines*. A liturgia fala de *ordo episcoporum* (ordem dos bispos), *ordo presbyterorum* (ordem dos presbíteros) e *ordo diaconorum* (ordem dos diáconos). A palavra *ordinatio* (ordenação) hoje é reservada ao ato sacramental integrado à ordem dos bispos, presbíteros e diáconos e que transcende a uma simples eleição, designação, delegação ou instituição pela comunidade, pois confere um dom do Espírito Santo que permite exercer um poder sagrado (*sacra potestas*), o qual só pode vir do próprio Cristo, por meio de sua Igreja.

5.1.1 O que diz a Bíblia?

No Antigo Testamento, há funcionários que são investidos oficialmente por Deus e têm o dever de cumprir um serviço especial para o povo de Israel. São importantes nesse contexto sobretudo o rei e o sacerdote. Os profetas têm ainda maior importância no anúncio da fé, contudo, nem sempre são instituídos oficialmente (Amós, 7: 1).

O povo eleito foi constituído por Deus como um reino de sacerdotes e uma nação santa (Êxodo, 19: 6). Desse modo, é importante notar a preparação feita pelo sacerdócio da Antiga Aliança em relação ao da Nova e, assim, perceber também a continuação existente.

O temo hebraico para designar o sacerdote é *konén* e se refere às pessoas que exercem as funções litúrgicas. Assim, o sacerdote é a pessoa do sagrado. O primeiro personagem a quem a Bíblia atribui o título de *konén* foi Melquisedec[2], em Gênesis (4: 18).

Melquisedec era sacerdote e também rei de Salém. Ele encontrou Abraão e o abençoou e este pagou a ele o dízimo. O Salmo 110: 4 menciona-o outra vez, como com um oráculo profético referindo-se a um futuro messias: "Tu és Sacerdote para sempre segundo a Ordem de Melquisedec". A Carta aos Hebreus recorda essa profecia como prefiguração do sacerdócio de Cristo (Hebreus, 5: 6).

Em Israel, o sacerdote era o homem ligado ao santuário (Números, 3: 38). Seus deveres principais eram oferecer sacrifícios (Letítico, 1: 7), abençoar o povo em nome de Deus (Números, 6: 22-27), realizar serviços no santuário (Levítico, 34: 3-9), cumprir as leis de purificação (Levítico, 13) e, especificamente, pôr em prática o exercício da mediação (Vanhoye, 1995).

---

2   Utilizamos neste livro a mesma grafia utilizada pela Bíblia de Jerusalém (Bíblia, 2002).

Como depois do exílio da Babilônia a instrução sobre a *Toráh* passou para o domínio dos escribas, o sacerdote passou a dedicar-se inteiramente ao culto, ao santuário. A instituição do sacerdócio remonta ao período mosaico e era reservado aos filhos de Aarão, da tribo de Levi (Êxodo, 28). A honra da tribo de Levi consiste em ter sido escolhida para funções sagradas (Auneau, 1994).

No Antigo Oriente, o rei de Israel era responsável pela administração dos templos e quem organizava o culto. Salomão construiu o templo e presidia sua dedicação (I Reis, 6: 8). O rei intervinha em pessoa nos atos do culto: oferecia sacrifícios (I Samuel, 13: 9-10), abençoava o povo em nome de Deus (II Samuel, 6: 18; I Reis 8: 55) e pronunciava preces de intercessão (II Samuel, 7: 18-29).

Poderíamos acrescentar ainda outras referências, sem concluirmos necessariamente que o rei era o sacerdote no sentido estrito dessa palavra. Sabemos que o rei era investido do direito de vigilância sobre o culto, mas havia circunstâncias que o obrigavam a recorrer ao serviço do sacerdote, como para as consultas oraculares. O rei não estava acima do ensinamento da lei transmitida pelo sacerdote.

Os profetas eram chamados por Deus e tinham importância fundamental no anúncio da fé. Em alguns casos, os anunciadores da fé foram justamente aqueles que não eram profetas profissionais, mas que atuavam por vocação carismática (Amós, 7: 14). Como porta-vozes de Deus, eles interpretavam os sinais dos tempos, advertiam sobre os enganos e as catástrofes, serviam à esperança pela salvação e representavam simbolicamente, por suas próprias vidas, a desgraça ameaçadora e a salvação prometida (Isaías, 8: 18; Jeremias, 16: 1-13). Muitas vezes, entravam em conflito com os profetas oficialmente ordenados (Amós, 7: 12; Jeremias, 20: 1-6) e faziam aparecer a ambivalência dos ofícios institucionalizados, uma vez que, devendo servir a Deus, acabavam por obstruir o cumprimento de sua vontade (Auneau, 1994).

No Novo Testamento, o caráter sacerdotal do novo Israel de Deus é radicalmente dependente do sacerdócio único de Cristo. A nova comunidade cristã se qualificou como o povo sacerdotal, fazendo a passagem do antigo para o novo sacerdócio, este não mais ligado a uma terra, a um culto ou a um templo, mas à pessoa de Jesus Cristo, centro do novo culto e do novo sacerdócio (I Pedro, 2: 4-5; Efésios, 2: 19-22).

No sentido de cargos oficiais, Jesus não foi nem rei nem sacerdote. Ele não pertencia à tribo de Levi. Ele foi considerado profeta (Marcos, 6: 4; Lucas, 24: 19; João, 6: 14), pois passou toda a sua vida proclamando o Reino de Deus. Em uma interpretação posterior, foi chamado de *rei* e *sacerdote*. Para João (18: 33-37), Jesus se revelou rei em uma situação de total impotência (Vanhoye, 1995).

A Epístola aos Hebreus[3] (4-10), depois de uma primeira apresentação de Cristo como sumo sacerdote, convida o leitor a considerar em Jesus a dupla relaçao na qual se baseia todo o sacerdócio: o sacerdote deve estar creditado diante de Deus e ligado aos homens mediante uma solidariedade real. Depois, a epístola leva o leitor a discernir o que há de inédito e insuperável no sacerdócio de Cristo, que é de um gênero novo. Cristo completa uma ação sacerdotal decisiva, cuja eficácia transformou por completo a situação dos homens. Assim, no discipulado de Jesus, não há mais necessidade de cultos de sacrifícios (Nocke, 2002).

Lemos em Hebreus (8: 4): "Na verdade, contudo, se [Cristo] estivesse na terra, não seria nem mesmo sacerdote.", pois não era levita (Hebreus, 7: 13). Com efeito, se Jesus se torna o único sumo

---

3 A Epístola aos Hebreus é considerada pelas Igrejas do Oriente uma carta paulina, embora apresente diferenças e relação às outras epístolas de Paulo, especialmente no que diz respeito ao seu estilo e à sua linguagem. Por isso, para a Igreja do Ocidente, ela não foi escrita por Paulo, e sua autoria é desconhecida.

sacerdote (Hebreus, 3: 11), é somente por sua paixão, com a qual ele oferece o único e verdadeiro sacrifício, e não porque ele presidia cultos por meio do pecado (Hebreus, 7: 26-27). Jesus é sacerdote por sua própria constituição, pois une em sua pessoa a natureza divina e a natureza humana. Consequentemente, o sacrifício de si que oferece ao Pai é o sacrifício perfeito e eficazmente salvífico para todos (Rocchetta, 1991).

O Antigo Testamento afirma em várias passagens que Israel não teria apenas sacerdotes, mas seria um reino de sacerdotes (Êxodo, 19: 6; Isaías, 61: 6). O Novo Testamento retoma esses textos e os aplica à Igreja. Os cristãos são um sacerdócio real (I Pedro, 2: 9; Apocalipse, 1: 6; 5: 10; 20: 6) e formam em Cristo um sacerdócio. O Apocalipse diz que Cristo fez dos homens um reino de sacerdotes para Deus Pai (Apocalipse, 1: 6; 5: 10; 20: 6). De acordo com I Pedro (2: 9), o título de *sacerdote* é pertinente a toda a comunidade, todavia, nunca a dignitários individuais nas comunidades neotestamentárias (Nocke, 2002).

Os apóstolos foram escolhidos e enviados pelo próprio Cristo, como ele mesmo foi enviado pelo Pai (João, 20: 21). Trata-se de verdadeira instituição por Cristo: "E constituiu doze, para que ficassem com Ele [...]" (Marcos, 3: 14). Como acontecera na eleição dos sacerdotes no Antigo Testamento, Jesus também escolheu os seus doze apóstolos (Marcos, 3: 13-15) e iniciou o novo povo de Israel. A instituição do sacerdócio dos apóstolos tem relação direta com Cristo e com seu chamado, diferentemente do caráter hereditário no Antigo Testamento. Jesus sentou-se à mesa com seus apóstolos (Mateus, 14: 17; 26: 20; Lucas, 22: 14), portanto, a eles dirigiu a ordem institucional: "Fazei isto em minha memória" (Marcos, 22: 15). Isso representa o aspecto fundamental do sacerdócio dos apóstolos: a ordem de rememorar de modo eficaz o mistério pascal da salvação, tornado presente até a parúsia[4] (I Coríntios, 11: 26), e oferecendo sob sinais do pão e do vinho o próprio sacrifício de Cristo (Rocchetta, 1991).

A ordenação por imposição das mãos é um rito muito antigo em Israel e que tem uma polivalência de significados. No contexto das ordenações, orienta os fiéis para ideias de transmissão de um ofício e de comunicação do Espírito a fim de que essa missão seja exercida de forma devida.

A eleição dos doze apóstolos respondeu a uma iniciativa pessoal de Jesus. Eles estavam estreitamente associados a sua pessoa e a seu ministério. Foram enviados em missão como testemunhas da sua ressurreição para pregarem em seu nome e congregarem o novo Israel. Essa eleição demonstra o desejo de Jesus de prolongar sua missão no tempo. Conforme considera a tradição, os apóstolos são ponto de referência obrigatório de todo o ministério da Igreja, pois seu ministério é apostólico por necessidade.

A 22ª sessão do Concílio Ecumênico de Trento definiu que, durante a ceia, Cristo "entregou Corpo e Sangue aos Apóstolos que então constituiu sacerdotes ao Novo Testamento" (Concílio Ecumênico de Trento, 1562). Foi no Pentecostes que se deu a investidura pública do Espírito sobre os apóstolos, inaugurando seu sacerdócio na Igreja (Atos, 2: 1-13). Os apóstolos receberam o poder de perdoar pecados (João, 20: 21-23) e a função de, assim como Jesus, serem pastores do rebanho (I Pedro, 5: 2-4). A eles foi dada diretamente de Jesus a ordem de apascentar as ovelhas, na pessoa de Pedro (João 21: 15-17) (Rocchetta, 1991).

A ordenação por imposição das mãos é um rito muito antigo em Israel e tem uma polivalência de significados. No contexto das

---

[4] Parúsia (de etimologia grega, *parusía:* chegada, presença) é "a segunda vinda de Jesus Cristo à Terra [Descrita esp. pelo apóstolo Paulo.]" (Houaiss; Villar; Franco, 2009).

ordenações, orienta os fiéis para ideias de transmissão de um ofício e de comunicação do Espírito a fim de que essa missão seja exercida de forma devida.

Em um contexto mais abrangente, impor as mãos em alguém é mais do que elevar as mãos, ainda que para abençoar (Levítico, 9: 22; Lucas, 24: 50): é tocar realmente a outrem e lhe comunicar alguma coisa de si mesmo. O ato foi adotado pelas comunidades cristãs praticamente para todo o conjunto dos ritos sacros, mas, sobretudo, para conferir ministérios (atos batismais, exorcismos, reconciliações penitenciais, confirmações, bênçãos diversas, ritos monásticos). Quanto aos ministérios, referem-se às ordens (episcopado, presbiterato e diaconato). Impor as mãos é um gesto que tem uma pré-história pagã e judaica à qual devemos fazer menção, mesmo que sinteticamente.

No Novo Testamento, Jesus, em sinal de bênção, impôs as mãos às criancinhas (Marcos, 10: 16) e conferiu bem-aventuranças aos pobres (Mateus, 5: 3). A imposição das mãos é também um sinal de libertação, pois foi por meio desse gesto que Jesus curou o cego e inúmeros doentes (Lucas, 4: 40; 13: 13). Conforme a promessa do ressuscitado, os discípulos "imporão as mãos sobre os enfermos, e estes ficarão curados" (Marcos, 16: 18). Também foi com esse gesto que Ananias restituiu a vista de Saulo, que se converteu (Atos, 9: 17).

Os Atos dos Apóstolos falam da investidura dos cargos por meio do gesto da imposição das mãos (Atos, 6: 1-6; 13: 1-3; 14: 23), recordando o Antigo Testamento (Números, 27: 18-23). Por esse mesmo gesto, a Igreja transmite o poder espiritual adaptado a uma missão precisa, ordenada a funções determinadas: assim é para a instituição dos sete consagrados pelos apóstolos.

A imposição das mãos, portanto, é um sinal realizador do dom do Espírito Santo (II Timóteo, 1: 6), do carisma, que é o serviço específico na comunidade. A imposição era feita por um apóstolo e, mais tarde, pelo colégio dos presbíteros, indicando a colegialidade de quem era investido no cargo (II Timóteo, 1: 6; I Timóteo, 4: 14). Não se trata apenas de um gesto complementar, mas fundamental na conferição do ministério (Nocke, 2002).

5.1.2 O caminho histórico-metodológico do sacramento da ordem

Dois fatos importantes aconteceram na Igreja antiga: a consolidação da trilogia de ministérios estáveis, com bispos, presbíteros e diáconos à frente das comunidades (desaparecendo, portanto, os demais ministérios), e o aparecimento do episcopado monárquico.

Assim, cresceu a institucionalização, com interesse concentrado no cargo diretivo, por sua vez diferenciado nos cargos de bispo, presbítero e diácono. Contudo, devemos salientar que não existia uma estrutura hierárquica nas primeiras comunidades. O que percebemos é que havia uma harmonização, identificando os presbíteros com os bispos (Atos, 20: 17; 20: 28). Desde o início, os apóstolos se preocuparam em transmitir aos outros a sua missão de pastores e de sacerdotes, elegendo e consagrando a missão.

Conforme o lugar e a situação pastoral, diferentes serviços foram surgindo, com uma variedade de estruturas e nomenclaturas de cargos. Para Paulo, a variedade de serviços ocorria pela variedade de dons do Espírito Santo (carisma) que eram dados aos membros da comunidade, sem sobreposições ou subordinações. A autoridade se fazia pelo testemunho (I Coríntios, 12: 4-11; 28-30; Romanos, 12: 6-8; I Tessalonicenses, 5: 12), mesmo sem estar presente na comunidade.

Na obra *Tradição apostólica*, de Santo Hipólito, encontramos dados que mostram as diferenciações na imposição das mãos, o que revela também as diferentes relações entre os cargos. O bispo era o membro do colégio episcopal, os presbíteros eram coadjuvantes do bispo e membros do presbitério, enquanto o diácono estavam subordinado exclusivamente ao bispo (Nocke, 2002).

Nas primeiras comunidades, bispos, presbíteros e diáconos administravam a comunidade em um regime de colegiado, por isso é utilizada a palavra no plural: *episkopoi* (epíscopos) em Filipenses (1: 1): "Paulo e Timóteo, servos de Cristo Jesus, a todo os santos em Cristo Jesus que estão em Filipos, com os seus epíscopos e diáconos [...]". Posteriormente, o bispo aparece nas epístolas pastorais administrando em um regime monárquico, em uma função de diretoria, principalmente defendendo a doutrina, ainda mais em uma época agitada por doutrinas heréticas, conforme vemos em I Timóteo, 1: 10; II Timóteo, 4: 2; Tito 9; 2: 1). Não devemos descartar também a influência de modelos institucionais judaicos na organização dos quadros diretivos das primeiras comunidades cristãs.

É menos claro para nós que os *presbyteroi* (presbíteros) deviam ser eleitos pelo povo, como no caso dos bispos. Mas o bispo devia ao menos consultar a opinião do clero e dos fiéis. Na consagração de um presbítero, o bispo impunha as mãos ao candidato juntamente com os demais presbíteros e recitava sobre ele a oração da consagração.

O diácono era mais diretamente escolhido pelo bispo, porque era um colaborador mais próximo deste do que o presbítero (Filipenses, 1: 1; I Timóteo, 3: 8-13). Segundo Santo Hipólito, citado por Nocke (2002), aos diáconos somente o bispo impunha as mãos, pois era seu dever "fazer o que este lhe ordena" e "chamar atenção" do bispo "para as tarefas a serem executadas", especialmente para os doentes na comunidade (Santo Hipólito, citado por Nocke, 2002, p. 314).

Junto com o bispo, os diáconos faziam parte da direção da comunidade e eram encarregados, sobretudo, de tarefas sociais e caritativas. Seguiam provavelmente de modo semelhante aos originalmente sete primeiros instituídos em Jerusalém (Atos, 6: 8-7, 53), e vemos que assim também acontecia o crescimento do dom. O paradigma do diácono era o próprio Jesus Cristo, enviado para fazer a vontade do Pai.

Ao analisarmos o período medieval, percebemos o destaque dado para o poder de consagração. A oposição entre clérigos e leigos na Igreja era algo marcante na sociedade dessa época. Isso transparece no enriquecimento dos ritos da consagração, que se iniciaram nos séculos VII e VIII, e no aumento da distância entre consagrados e não consagrados. Aconteceu uma profunda mudança no sentido original do presbiterato em geral. Além disso, ocorreu um processo de "sacerdotalização" dos ministérios, pois a atenção se concentrava nos poderes cultuais dos ministros, mais especificamente no poder de celebrar a eucaristia.

O bispo era ungido na cabeça com o crisma, solenemente entronizado e recebia o cetro e o anel como insígnias. Tudo isso transformava o episcopado em trono, assemelhando os bispos aos senhores feudais. As mãos do sacerdote eram ungidas e ele recebia a pátena e o cálice como sinal de seu múnus (encargo). Por vários fatores, entre eles a língua, a missa se tornou uma ação privada. A teologia escolástica seguiu esse desenvolvimento e a consagração do bispo conferia o poder de governar a Igreja.

O confronto com os reformadores, que não questionavam o ministério, mas o caráter permanente do sacerdócio e a sua função sacrifical, levou o Concílio de Trento a fazer reformas profundas no presbiterato. Para Lutero, citado por Nocke (2002, p. 315), a afirmação da sacramentalidade da consagração sacerdotal é "um inacreditável escárnio da graça batismal", pois, segundo I Pedro (2: 9), "somos todos sacerdotes, todos quantos somos cristãos". "No entanto, aqueles que denominamos *sacerdotes* são ministros, eleitos entre nós, que devem fazer tudo em nome do Senhor.

O Sacerdócio não é outra coisa que o ministério da Palavra" (Nocke, 2002, p. 315).

Na reação contra os reformadores, o Concílio de Trento procurou deixar claro que a ordenação era um sacramento instituído por Jesus Cristo – um dom do Espírito que sempre permanece (tem caráter indelével). Ela foi instituída por ordem divina e, portanto, existiria uma hierarquia constituída de bispos, presbíteros e diáconos.

Somente com o Concílio Ecumênico Vaticano II é que houve uma mudança, isto é, uma volta ao significado real no quadro dos ministérios. Os cargos hierárquicos foram formulados como "serviços" (CVII, 1965c, n. 18) e inseridos no contexto maior do povo de Deus. Em I Pedro (2: 4-10), fala-se do sacerdócio comum dos fiéis e do sacerdócio ministerial e hierárquico, um se ordena ao outro, pois ambos participam, cada qual a seu modo, do único sacerdócio de Cristo. O Concílio Ecumênico Vaticano II menciona os ministérios no contexto do ministério da Igreja, levando em conta a igualdade radical de todos os batizados (CVII, 1965c, n. 18).

A fórmula de que o sacerdócio comum e o sacerdócio do serviço hierárquico, "embora se diferenciem essencialmente e não apenas em grau" (CVII, 1965c, n. 10), não quer dizer que o sacerdócio clerical seja o verdadeiro, e o sacerdócio comum, por sua vez, não seja um *sacerdócio* na verdadeira acepção da palavra. Pelo contrário: ela quer dar destaque à função específica do sacerdócio clerical no povo sacerdotal de Deus e, ao mesmo tempo, prevenir a ideia de que o sacerdócio comum seria um sacerdócio incompleto, apenas inicial, enquanto o clerical seria um sacerdócio mais espiritual, pleno.

Em uma concepção de Igreja que se define não mais sob o viés da hierarquia, mas pela consideração do único povo de Deus, o Concílio Ecumênico Vaticano II deu primazia ao sacerdócio comum dos fiéis sobre os ministérios hierárquicos.

O Concílio Ecumênico Vaticano II ainda afirmou a sacramentalidade da consagração episcopal, enfatizou a colegialidade dos bispos (CVII, 1965c, n. 21-23, 28), exigiu o restabelecimento do diaconato como grau próprio e permanente da hierarquia (CVII, 1965c, n. 29) e propiciou uma mudança notável de atitude e de mentalidade na Igreja ao substituir a linguagem tradicional pela terminologia patrística de serviço, ou *diakonia*.

5.1.3 A ordem como sacramento

A ordenação e o ministério sacerdotal podem ser descritos como uma função. Na ordenação, há a atuação de Jesus Cristo e da Igreja. O próprio Cristo toma o candidato para a consagração de seu serviço e lhe concede o seu Espírito. Por isso, a ordenação é chamada de *sacramento*. No sacerdote está a presença de Cristo.

Visto que Cristo não retira sua missão e sua promessa, a ordenação concede ao candidato o chamado *caráter indelével*. Há uma confiabilidade objetiva, dada independentemente do estado subjetivo do espírito do ocupante do cargo. O ministro ordenado não deixa de ser atingido pelo dom do Espírito; contudo, o sacramentalismo da ordenação não pode ser interpretado como uma depreciação dos outros ministérios. Os clérigos têm justamente a tarefa de descobrir e despertar os diversos dons do Senhor e criar espaços para eles (Nocke, 2002).

Na Igreja, há a presença sacramental do Cristo ressuscitado agindo hoje. Ela atualiza na história o mistério da salvação, por meio da proclamação da Palavra e da celebração dos

A matéria do sacramento da ordem é a imposição das mãos e a sua forma é a prece de ordenação. Esses dois gestos não são independentes, mas se complementam. A imposição das mãos do bispo e a oração consecratória constituem o sinal visível da consagração da ordem.

sacramentos. Os ministros ordenados consagram suas vidas para esse sacramentalismo da Igreja.

A **matéria** do sacramento da ordem é a imposição das mãos e a sua **forma** é a prece de ordenação. Esses dois gestos não são independentes, mas se complementam. A imposição das mãos do bispo e a oração consecratória constituem o sinal visível da consagração da ordem (Santa Sé, 1992, n. 1538). Somente o bispo ordena, pois só ele tem o primado do sacerdócio e é o representante sacramental dos apóstolos. Os concelebrantes também impõem as mãos representando a colegialidade.

As Escrituras conhecem apenas a imposição das mãos como matéria de ordenação. São Paulo faz depender dessa imposição o carisma do sacerdócio, o caráter sacerdotal (I Timóteo, 4: 14; II Timóteo, 1: 6).

5.1.4 Ministérios da Igreja: episcopado, presbiterato e diaconato

Não é fácil precisar a inter-relação e a delimitação dos três serviços em que a moderna compreensão católica articula o sacramento da ordem nos graus do episcopado, do presbiterato e do diaconato. Essa compreensão não foi sempre a mesma na história da Igreja. Da mesma forma, não é fácil estabelecer um perfil ideal para cada um desses serviços com base nos enunciados do Consílio Ecumênico Vaticano II e na liturgia de consagração que hoje vigora. Isso é possível apenas de maneira insuficiente, principalmente no caso do episcopado (Nocke, 2002).

Nas preces dos três serviços são invocadas algumas figuras bíblicas ligadas ao serviço do povo, caracterizando os respectivos graus do ministério. Os três graus foram prefigurados no Antigo

Testamento, desejados por Cristo e pelos apóstolos e estão a serviço do corpo único de Cristo, que é a Igreja (Rocchetta, 1991).

Cristo é o único enviado do Pai. O Pai santificou e enviou Cristo ao mundo. O Pai fez dos apóstolos participantes da consagração e da missão do Filho e eles confiaram aos bispos a mesma missão que receberam do Pai. Os bispos passaram legitimamente o múnus (poder-serviço) de seu ministério, em grau diverso, a pessoas da Igreja. Assim, o ministério eclesiástico divinamente instituído é exercido em diferentes ordens pelos que, desde a Antiguidade, são chamados de *bispos* (terceiro e mais alto grau da ordem), *presbíteros* (segundo grau da ordem) e *diáconos* (primeiro grau da ordem). Os presbíteros e os diáconos, no exercício de seus ministérios, são cooperadores do bispo.

O ministério tripartido é de origem divina e apostólica. Dois graus são de participação ministerial no sacerdócio de Cristo – o episcopado e o presbiterato – e um grau de serviço – o diaconato. Os três graus são conferidos pelo sacramento da ordem.

A **ordenação episcopal** acontece em um ato celebrativo por meio de três bispos, representando sua inserção no colégio episcopal e a sucessão apostólica. O exercício do múnus episcopal é cristológico-eclesial. O bispo é sinal vivo de Cristo, supremo pastor do povo de Deus, em torno do qual, pela ação ininterrupta do Espírito Santo, reúne-se e é construída a comunidade eclesial – ele é o ministro supremo da unidade.

O ordenado só se torna bispo quando tem uma comunidade para presidir. Seu primado advém da transmissão, ou seja, os apóstolos confiaram a seus sucessores, os bispos, tudo o que receberam. Assim, os bispos são os legítimos sucessores dos apóstolos.

Conforme a *Lumen Gentium* (CVII, 1965c, n. 25-27), o múnus dos bispos é ensinar, santificar e governar e refere-se ao Cristo profeta, sacerdote e (rei) pastor:

- **Ensinar** – Os bispos receberam dos apóstolos a missão de ensinar e pregar o Evangelho a toda criatura, para fazer frutificar a fé. São os conservadores e os transmissores da sã doutrina da Igreja.
- **Santificar** – Os bispos são os administradores da graça do sacerdócio. Santificam os fiéis mediante os sacramentos, especialmente o da confirmação e o da ordem.
- **Governar** – Os bispos são os vigários legais de Cristo; neles, Cristo continua edificando sua Igreja na verdade e na santidade.

A **ordenação presbiteral** acontece com a imposição das mãos do bispo e do seu colégio de presbíteros, representando a inserção do ordenando nesse presbitério. Esse ministério está estritamente ligado ao do bispo. O presbítero é o colaborador da missão do bispo.

A constituição *Lumen Gentium* (CVII, 1965c, n. 28) assim comenta sobre o múnus dos presbíteros:

> *Os presbíteros, embora não possuam o fastígio do pontificado e dependam dos Bispos no exercício do próprio poder, estão-lhes, porém, unidos na honra do sacerdócio e, por virtude do sacramento da Ordem, são consagrados, à imagem de Cristo, sumo e eterno sacerdote (Hebr. 5: 1-10; 7, 24; 9, 11-28) para pregar o Evangelho, apascentar os fiéis e celebrar o culto divino, como verdadeiros sacerdotes do Novo Testamento. Participantes, segundo o grau do seu ministério, da função de Cristo mediador único (1 Tim, 2, 5), anunciam a todos a palavra de Deus. Mas é no culto ou celebração eucarística que exercem principalmente o seu múnus sagrado; nela, actuando em nome de Cristo e proclamando o Seu mistério, unem as preces dos fiéis ao sacrifício da cabeça e, no sacrifício da missa, representam e aplicam, até à [sic] vinda do Senhor (Cf. 1 Cor. 11, 26), o único sacrifício do Novo Testamento, ou seja, Cristo oferecendo-se, uma vez por todas, ao Pai, como hóstia imaculada (Cf. Hebr.*

9, 11-28). Exercem ainda, por título eminente, o ministério da reconciliação e o do conforto para com os fiéis arrependidos ou enfermos, e apresentam a Deus Pai as necessidades e preces dos crentes. (Cf. Hebr. 5, 1-4)

Segundo o *Documento de Aparecida* (Celam, 2007), os presbíteros são discípulos missionários de Jesus, o Bom Pastor, chamados a ser homens de misericórdia e compaixão, próximos ao povo, servindo a todos, especialmente àqueles que passam por grandes necessidades.

O **diaconato** é o primeiro grau na hierarquia da Igreja. Na Antiguidade, os diáconos estavam sujeitos ao bispo e eram considerados os ouvidos, a boca, o coração e alma deste; eram o anjo e o profeta do bispo. O ministério diaconal é a expressão da própria vocação da Igreja: o serviço da caridade.

Na ordenação, os diáconos recebem a graça sacramental, mas não para o sacerdócio, e sim para o ministério, ou seja, para o serviço da diaconia, segundo o modelo de Cristo, que veio para servir, e não para ser servido. O diácono encontra fundamento para seu ministério e alimenta sua existência, como ministro, na contemplação do mistério de Cristo, que é a realização plena do servo de *Iahweh* (Isaías, 42: 1-7). O mistério de uma Igreja pobre nasce da obediência ao ministério do Cristo servo e pobre.

A constituição *Lumen Gentium* (CVII, 1965c) chama a atenção, por três vezes, para a necessária correspondência entre Cristo, que consumou a obra da redenção na pobreza e na perseguição, e a Igreja, para que, de fato, esta comunique aos seres humanos os frutos da salvação. Portanto, o múnus do diaconato é a caridade do altar e da palavra.

O Documento de Aparecida (Celam, 2007) se refere aos diáconos permanentes como *discípulos missionários de Jesus servidor*. Eles devem cultivar esmeradamente sua inserção no corpo diaconal em comunhão com o bispo e em unidade com os presbíteros e com os demais membros do povo de Deus.

5.1.5 Refletindo para a atualidade

Neste momento, é importante abordarmos algumas questões discutidas na Igreja que se referem aos ministérios ordenados. Assim, é importante comentarmos sobre a ordenação de homens casados, dando um destaque especial para o diaconato permanente. É importante também que tratemos da questão da ordenação de mulheres, além do reconhecimento ecumênico de ministérios. Abordaremos cada um desses temas na sequência.

Quanto à **ordenação de homens casados**, tema bastante controverso na Igreja, Paulo VI, na encíclica *sacerdotalis caelibatus*, afirma que "o Novo Testamento não exige o celibato dos ministros sagrados, mas propõe-no simplesmente como obediência livre a uma vocação especial ou a um carisma particular (Mateus, 19: 11-12)" (Paulo VI, 1967, n. 5).

Essa citação, embora seja favorável ao celibato, não deixa de ter fundamento e, de alguma forma, possibilitou que uma reflexão sobre o tema se desenvolvesse. De qualquer modo, a extinção do celibato[5] não é garantia do aumento das vocações sacerdotais.

Com relação ao **diaconato permanente**[6], o Concílio Ecumênico Vaticano II abriu a possibilidade de homens de idade madura – e que sejam casados – tornarem-se diáconos. Como grau próprio da ordem (primeiro grau), o diaconato permite reconstruir os elemen-

---
5   O celibato foi imposto pela primeira vez pelo Concílio de Elvira, em 306, e com abrangência restrita à Espanha, sendo depois estendido para a Igreja do Ocidente. O Concílio de Trento sancionou essa obrigação solenemente, a qual, por fim, foi inserida no Código de Direito Canônico, cânone 132, parágrafo primeiro (João Paulo II, 2003).
6   Um diácono pode batizar, levar eucaristia aos doentes, ser testemunha qualificada no matrimônio, celebrar a liturgia da palavra, pregar, evangelizar. Contudo, não pode confessar, celebrar o sacramento da eucaristia (missa) nem dar a unção dos enfermos.

tos constitutivos da hierarquia sagrada querida por Deus. Desse modo, essa abertura é uma resposta à necessidade de garantir o cuidado pastoral indispensável às comunidades que estiverem privadas de padre; é uma confirmação, um esforço e uma incorporação mais completa ao ministério da Igreja e àqueles que exercem de fato o ministério diaconal.

A questão da **ordenação de mulheres** é bastante espinhosa na doutrina católica e causa muitas discussões. Apesar de haver uma declaração papal que estabelece como definitivo o fato de a Igreja não conferir ordenação a mulheres[7], essa questão envolve uma problemática que merece ser refletida, já que seu enfoque é bem mais dogmático do que uma simples questão de conveniência.

Segundo Paulo (Gálatas, 3: 28), o batismo anula as diferenças entre os homens, pois todos são filhos de Deus. Assim, hoje há quem faça a pergunta: "Com o tempo, isso não deveria refletir sobre as estruturas administrativas da Igreja?". Além disso, nos textos do Novo Testamento, podemos verificar a presença de mulheres ocupando cargos de serviços na comunidade, como as quatro filhas de Filipe, com o dom da profecia (Atos, 21: 9), e também Febe, a diaconisa de Cencreia (Romanos, 16) (Nocke, 2002).

Vejamos as mais sérias objeções ao sacerdócio de mulheres segundo a declaração *Inter insigniores* (Seper; Hamer, 1976*)*, da Congregação para a Doutrina da Fé, apresentadas de forma esquemática por Nocke (2002, p. 321-323):

> *1) A Tradição: Jamais a Igreja católica foi da opinião de que se pudesse ministrar a consagração sacerdotal ou episcopal de modo válido a*

---

7   Trata-se da afirmação de João Paulo II na carta apostólica *Ordinatio sacerdotalis* (João Paulo II, 1994b, n. 4).

mulheres (DH⁸, 4590). 2) A atitude de Jesus Cristo e os Apóstolos: Cristo Jesus não admitiu nenhuma mulher entre os apóstolos (DH, 4592). 3) Dois argumentos de conveniência: O sacerdote deve representar a Cristo. Por causa do caráter sacramental simbólico, essa representação deveria ser feita por um homem; do contrário não existiria "semelhança natural que se exige entre Cristo e seu servidor; [...] pois o próprio Cristo foi e permanece homem [...] a palavra encarnada é do sexo masculino" (DH 4600s). Em segundo lugar, também o simbolismo da noiva, que caracteriza a relação entre Cristo e a Igreja, seria argumento em favor de um sacerdote masculino.

Posteriormente, o Papa João Paulo II confirmou o que a Igreja já havia definido quando novamente o problema foi posto em discussão entre teólogos e em certos ambientes católicos. Desse modo, João Paulo II procurou, com sua declaração, excluir qualquer dúvida sobre um assunto de máxima importância e que pertence à própria constituição divina da Igreja.

*Mas, dado que também entre teólogos e em certos ambientes católicos o problema [da ordenação de mulheres] fora posto em discussão, Paulo VI deu à Congregação para a Doutrina da Fé mandato de expor e ilustrar a este propósito a doutrina da Igreja. Isso mesmo foi realizado pela Declaração **Inter Insigniores**, que o mesmo Sumo Pontífice aprovou e ordenou publicar [...]. Portanto, para que seja excluída qualquer dúvida em assunto da máxima importância, que pertence à própria constituição divina da Igreja, em virtude do meu ministério de confirmar os irmãos (cf. Lc 22,32), declaro que a Igreja não tem absolutamente a faculdade de conferir a ordenação sacerdotal às mulheres,*

---

8 A sigla DH refere-se ao *Manual dos símbolos, definições e declarações da Igreja em matéria de fé e costumes* (Denzinger, 1963), conhecido também por *Enchiridion symbolorum*, compilado originalmente por Heinrich Denzinger.

e que esta sentença deve ser considerada como definitiva por todos os fiéis da Igreja. (João Paulo II, 1994b, n. 1, 4, grifo do original)

Na teologia católica atual, faz-se uma série de questionamentos quanto às objeções que citamos da declaração *Inter insigniores* (Seper; Hamer, 1976), no sentido de demonstrar que os argumentos ali apresentados carecem de fundamentação bíblica e teológica. Porém, a afirmação de João Paulo II procura colocar um ponto final nessa questão e, de certa forma, impede o debate teológico sobre ela, uma vez que reabri-la seria ir diretamente contra uma afirmação do magistério.

Por fim, a questão do **reconhecimento ecumênico dos ministérios** é um dos pontos mais difíceis no diálogo ecumênico. De acordo com Nocke (2002), os esforços teológicos para obter uma resposta positiva à pergunta sobre o reconhecimento ecumênico caminham em duas direções.

Uma delas busca uma definição mais exata da relação entre transmissão de cargos e tradição apostólica, com base em estudos mais pormenorizados, sobretudo da época do início da Igreja e da Reforma. Estudos nessa linha são, por exemplo, o memorando *Reforma e reconhecimento de cargos eclesiásticos*, de 1973, elaborado em cooperação católico-protestante, e o documento *Condenações doutrinárias – motivo de separação das igrejas?*, elaborado em 1986 pela Comissão Ecumênica de Estudos, sob presidência do cardeal Hermann Volk e do bispo Hermann Kunst. Os dois documentos chegaram, de alguma forma, a um resultado positivo.

Outra direção desse esforço teológico caminha em um sentido mais pragmático para o futuro e elabora propostas, a partir de hoje, para que a transmissão de cargo seja reconhecida pelo maior número de Igrejas possível, independentemente da concordância no juízo que se faz do assunto. Nesse sentido, podemos citar a *Convergência de Lima*, de 1982, e a proposta de Karl Rahner e

Heinrich Fries elaborada em 1983, chamada *Unificação das igrejas – possibilidade real* (Nocke, 2002).

Esses esforços fazem notar a presença do Espírito unificador em todas as Igrejas, convocando-as à unidade, para que o testemunho evangélico esteja presente no mundo com toda a sua força transformadora.

5.2 O sacramento do matrimônio

Nas culturas, de um modo geral, o matrimônio não é uma realidade privada, reservada apenas aos esposos, pois ele precisa de reconhecimento público. Assim, realizado publicamente, o matrimônio expressa o compromisso que os esposos assumem diante da sociedade, o que implica direitos a serem respeitados e deveres a serem cumpridos.

Por se tratar de uma realidade humana de longa tradição, o matrimônio assumiu, ao longo do tempo, muitas formas e tornou-se objeto de estudos de muitas áreas do conhecimento, como história, antropologia, sociologia, entre outras. Nossa abordagem, porém, pretende ser teológica; portanto, vamos considerar, sobretudo, os elementos bíblicos e a compreensão do matrimônio como sacramento da Igreja.

5.2.1 O que diz a Bíblia?

A vocação matrimonial fundamenta-se nas Escrituras. Ela aparece na Bíblia como sendo algo querido por Deus. As Escrituras abrem-se com a criação do homem e da mulher à imagem e semelhança de Deus e fecham-se com as núpcias do Cordeiro.

O matrimônio é sinal do amor de Deus para com a humanidade. Criado por amor à imagem e à semelhança de Deus, o ser humano é também chamado ao amor. Unidos pelo matrimônio, marido e mulher formam uma comunhão de vida, a exemplo de Deus, que não é solidão, mas Trindade .

O matrimônio é uma realidade da criação. Do Gênesis ao Apocalipse, a Bíblia "fala do matrimônio e do seu 'mistério', de sua instituição e do sentido que Deus lhe deu, da sua origem e da sua finalidade" (Santa Sé, 1992, n. 1602). São várias as passagens bíblicas que se referem à vocação matrimonial, como Gênesis (1: 28; 2: 18; 23-24), Mateus (19: 6-9), Efésios (5: 23), entre outras.

> *O matrimônio é sinal do amor de Deus para com a humanidade. Criado por amor à imagem e à semelhança de Deus, o ser humano é também chamado ao amor. Unidos pelo matrimônio, marido e mulher formam uma comunhão de vida, a exemplo de Deus, que não é solidão, mas Trindade.*

Diferentemente de muitas culturas nas quais o casamento é considerado um ato religioso (casamento sagrado = hierogamia), em Israel, o matrimônio tem caráter expressamente profano. No Antigo Testamento, há relatos de grandes festas de casamento (Tobias, 8: 19) e advertências contra a prostituição cúltica (Deuteronômio, 23: 18), além da preocupação com a descendência. Há trechos que abordam o carinho e o erotismo, principalmente no Cântico dos Cânticos, e a divisão do ser humano em dois sexos não é vista como expressão de dicotomia, mas como uma dádiva de Deus (Gênesis, 2: 21-34). Contudo, o domínio do homem sobre a mulher (Gênesis, 3: 16) é visto como consequência do pecado (Nocke, 2002).

Segundo a encíclica *Deus caritas est* (Deus é amor), do sumo pontífice Bento XVI (2005), a estreita ligação entre *eros* (amor apaixonado entre homem e mulher)[9] e *matrimônio* na Bíblia quase não encontra paralelos literários fora dela:

*Na narração bíblica, não se fala de punição; porém, a ideia de que o homem de algum modo esteja incompleto, constitutivamente a caminho a fim de encontrar no outro a parte que falta para a sua totalidade, isto é, a ideia de que, só na comunhão com o outro sexo, possa tornar-se "completo", está sem dúvida presente. E, deste modo, a narração bíblica conclui com uma profecia sobre Adão: "Por este motivo, o homem deixará o pai e a mãe para se unir à sua mulher; e os dois serão uma só carne" (Gn, 2, 24). Aqui há dois aspectos importantes: primeiro, o **eros** está de certo modo enraizado na própria natureza do homem; Adão anda à procura e "deixa o pai e a mãe" para encontrar a mulher; só no seu conjunto é que representam a totalidade humana, tornam-se "uma só carne". Não menos importante é o segundo aspecto: numa orientação baseada na criação, o **eros** impele o homem ao matrimônio, a uma ligação caracterizada pela unicidade e para sempre; deste modo, e somente assim, é que se realiza a sua finalidade íntima. À imagem do Deus monoteísta corresponde o matrimônio monogâmico. O matrimônio baseado num amor exclusivo e definitivo torna-se o ícone do relacionamento de Deus com o seu povo e, vice-versa, o modo de Deus amar torna-se a medida do amor humano. Esta estreita ligação entre **eros** e matrimônio na Bíblia quase não encontra paralelos literários fora da mesma.* (Bento XVI, 2005, n. 11, grifo do original)

....
9 "Ao amor entre homem e mulher, que não nasce da inteligência e da vontade mas de certa forma impõe-se ao ser humano, a Grécia antiga deu o nome de **eros**. Diga-se desde já que o Antigo Testamento grego usa só duas vezes a palavra **eros**, enquanto o Novo Testamento nunca a usa: das três palavras gregas relacionadas com o amor – **eros**, **philia** (amor de amizade) e **agape** – os escritos neotestamentários privilegiam a última, que, na linguagem grega, era quase posta de lado. Quanto ao amor de amizade (**philia**), este é retomado com um significado mais profundo no **Evangelho de João** para exprimir a relação entre Jesus e os seus discípulos" (Bento XVI, 2005, n. 3, grifo do original).

A aliança entre Deus e o povo de Israel constitui um dos temas centrais do Antigo Testamento. Os profetas utilizam a imagem do matrimônio para descrever a história de Deus com seu povo: Deus é o marido fiel, misericordioso, e Israel, a esposa ingrata, infiel (Ezequiel, 16: 23; Jeremias, 2: 2; Oséias, 2: 4-22; 9: 1).

De acordo com o Catecismo da Igreja Católica (Santa Sé, 1992, n. 1611): "Ao verem a aliança de Deus com Israel sob a imagem dum amor conjugal, exclusivo e fiel, os profetas prepararam a consciência do povo eleito para uma inteligência aprofundada da unicidade e indissolubilidade do matrimónio".

No Novo Testamento, o matrimônio é considerado sob a perspectiva do mistério do amor de Cristo à Igreja (Efésios, 5: 12). Nesse sentido, a união do homem e da mulher, estabelecida pelo Deus da criação, é a figura da união de Cristo com a Igreja (Efésios, 5: 32).

Jesus condena o fato de apenas o marido poder despedir a esposa dando-lhe uma carta de divórcio (Deuteronômio, 24: 01-3; Mateus, 19: 8) e apresenta a fidelidade incondicional como um elemento que se inscreve na ordem criacional do matrimônio: o homem não deve separar o que Deus uniu (Marcos, 10: 9; Mateus, 19: 6). Esse apelo de Jesus é seguido pelas comunidades neotestamentárias, que procuram conciliá-lo com problemas emergentes concretos (Nocke, 2002).

Para os cristãos das comunidades paulinas, de acordo com I Coríntios (7: 39), o matrimônio significava casar-se no Senhor: "A mulher está ligada ao marido por tanto tempo quanto ele vive. Se o marido morrer, estará livre para esposar quem ela quiser, no Senhor apenas".

5.2.2 O matrimônio como sacramento

O matrimônio não foi sempre reconhecido como sacramento. Ele passou por um processo lento de estudos e descobertas. Foi a partir da segunda metade do século XII que ocorreram a aceitação universal e a fixação teológica do caráter sacramental do matrimônio. O fato de ter sido reconhecido como sacramento provocou uma reorientação em todo o seu tratamento teológico, jurídico e pastoral. O sacramentalismo torna-se também ponto de partida moral no que se refere à vivência da sexualidade intraconjugal, à indissolubilidade e a outros aspectos da ética conjugal (Vidal, 1978). "O pacto matrimonial [...] entre os baptizados foi elevado por Cristo Senhor, à dignidade de sacramento" (João Paulo II, 1983, cânone 1055, citado por Santa Sé, 1992, n. 1601).

A natureza sacramental do matrimônio entre cristãos não é algo artificialmente acrescentado à instituição natural, mas uma realidade que flui do ser cristão. Pelo batismo, o cristão recebe uma natureza crística e, por isso, a entrega de sua pessoa no matrimônio é, por seu próprio ser, sinal sacramental da entrega de Cristo à sua Igreja (João Paulo II, 1981). Paulo já abordara esse conceito quando colocou a união divina de Cristo com a Igreja como parâmetro para a união humana (Efésios, 5: 25).

Para Rocchetta (1991), as raízes do matrimônio como sacramento estão no mistério pascal de Cristo e no dom do Espírito Santo. Trata-se da elevação de uma situação humana particular (o amor entre um homem e uma mulher) à condição de sinal, por meio do qual o casal é convidado a participar da novidade de vida trazida por Cristo e da construção do Reino de Deus. O elemento constitutivo do matrimônio é o consentimento dos contraentes, num desejo sincero de doar-se mútua e definitivamente, vivendo uma aliança de amor fiel e fecundo.

Cân. 1057 — *Origina o matrimónio o consentimento entre pessoas hábeis por direito, legitimamente manifestado, o qual não pode ser suprido por nenhum poder humano.*

§ 2. O consentimento matrimonial é o acto da vontade pelo qual o homem e a mulher, por pacto irrevogável, se entregam e recebem mutuamente, a fim de constituírem o matrimónio. (João Paulo II, 1983, grifo do original)

Na doutrina da Igreja, a vocação para o matrimônio está inscrita na própria natureza do homem e da mulher, conforme saíram da mão do Criador. O casamento não é uma instituição simplesmente humana, é sinal do amor de Deus pela humanidade que se concretiza no mistério de Cristo. E, por ser abençoada por Deus, a união entre o homem e a mulher perpetua a criação (Santa Sé, 1992): "Deus os abençoou e lhes disse: 'Sede fecundos, multiplicai-vos, enchei a terra e submetei a [...]'" (Gênesis 1: 20). O homem e a mulher foram feitos um para o outro com a finalidade de ajudarem-se e complementarem-se.

Nesse sentido, o Papa João Paulo II, na exortação apostólica *Familiaris consortio*, afirma "Criando-a à sua imagem e conservando-a continuamente no ser, Deus inscreve na humanidade do homem e da mulher a vocação, e, assim, a capacidade e a responsabilidade do amor e da comunhão" (João Paulo II, 1981). Nessa afirmação, notamos o sentido vocacional do matrimônio. Esse dom da vocação recebido de Deus possibilita ao homem e à mulher assumirem o compromisso do amor e da comunhão.

"A íntima comunidade da vida e do amor conjugal, fundada pelo Criador e dotada de leis próprias, é instituída por meio da aliança matrimonial, eu seja pelo irrevogável consentimento pessoal" (CVII, 1965b, n. 48). Portanto, o matrimônio não pode, em hipótese alguma, ser dissolvido.

Em alguns casos, após minucioso exame da situação pelo tribunal eclesiástico competente, o matrimônio pode ser considerado nulo, ou seja, como se nunca tivesse existido. Nesse caso, os contraentes ficam livres para casar-se, respeitando as obrigações naturais provenientes de uma união anterior[10].

Também, em conformidade com o Código de Direito Canônico, precisamos mencionar aqui a possibilidade de ocorreram *casamentos mistos* (entre católico e batizado não católico) e *casamentos com disparidade de culto* (entre católico e não batizado). No primeiro caso, exige-se uma permissão expressa da autoridade eclesiástica (cânone 1124). Já o segundo requer uma dispensa expressa do impedimento. Supõe-se, nesse caso, que as duas partes conheçam os fins e as propriedades essenciais do matrimônio, bem como a obrigação da parte católica de batizar e educar os filhos na Igreja Católica (cânone 1125) (João Paulo II, 1983).

5.2.3 Os bens e as exigências do amor conjugal

De acordo com o cânone 1056 do Código de Direito Canônico (João Paulo II, 1983), as propriedades essenciais do matrimônio são a **unidade** e a **indissolubilidade**. Essas são características próprias desse sacramento segundo a doutrina da Igreja.

O Código de Direito Canônico (João Paulo II, 1983, cânones 1141-1150) define *unidade* como a impossibilidade de uma pessoa ficar

---

10 Conforme o Código de Direito Canônico (João Paulo II, 1983), o matrimônio (celebrado entre batizados) pode ser nulo por três razões: 1) impedimentos (do cânone 1083 ao 1094 são apresentados 12 impedimentos); 2) vício de consentimento (quando o matrimônio não é livre); 3) defeito de forma (quando o matrimônio não é realizado de acordo com a norma da Igreja).

ligada simultaneamente a dois ou mais vínculos conjugais, por isso se opõe à poligamia. A unidade diz respeito à monogamia absoluta, e é resultado da aliança de amor por meio da qual um homem e uma mulher "já não são dois, mas uma só carne" (Mateus, 19: 6). Marido e mulher devem cumprir a promessa de fidelidade[11].

A **indissolubilidade** é a impossibilidade da dissolução do vínculo conjugal, a não ser pela morte de um dos cônjuges. A indissolubilidade opõe-se ao divórcio, pois ela perpetua o vínculo matrimonial independentemente da vontade dos cônjuges ou de outra autoridade. Distingue-se entre *indissolubilidade intrínseca* (impossibilidade da ruptura do vínculo conjugal pelos próprios cônjuges) e *indissolubilidade extrínseca* (impossibilidade de ruptura pela autoridade pública). A primeira é defendida pela teologia católica como um princípio absoluto, aplicável a qualquer matrimônio válido, mesmo entre não batizados. A segunda, porém, admite algumas raras exceções.

O amor dos esposos exige, por sua própria natureza, a unidade e a indissolubilidade com a comunidade de pessoas que engloba as suas vidas. Essa comunhão humana é confirmada, purificada e arrematada pela comunhão em Jesus Cristo, concedida pelo sacramento do matrimônio. É aprofundada pela vida de fé comum e pela eucaristia recebida em comum. A unidade do matrimônio é também claramente confirmada pelo Senhor mediante a igual dignidade do homem e da mulher como pessoas, a qual deve ser reconhecida no amor mútuo e perfeito (Santa Sé, 1992, n. 1644-1645).

---

11 A constituição pastoral *Gaudium et spes* (CVII, 1965b, n. 47) cita o divórcio, a poligamia, o amor livre e outras deformações como as principais ofensas à dignidade do matrimônio.

O **vínculo** de amor que une os esposos é o primeiro efeito do matrimônio. Esse vínculo é estabelecido pelo próprio Deus, e a **graça própria** do sacramento do matrimônio, cuja fonte é Cristo, destina-se a aperfeiçoar essa unidade indissolúvel. Marido e esposa se ajudam por essa graça a santificar-se mutuamente na vida conjugal, na aceitação e na educação dos filhos (Santa Sé, 1992, n. 1641).

O casal, com o sacramento do matrimônio, insere-se no mistério pascal do Cristo Salvador e esposo da Igreja, que, por esse sacramento, vem ao encontro dos cônjuges, dando-lhes força para que o sigam, amem-se, sejam fecundos e permaneçam fiéis um ao outro até que a morte os separe. O matrimônio, por sua índole natural, é ordenado para o bem dos cônjuges e para a procriação e a educação dos filhos. Deus confere ao casal uma participação especial em sua obra criadora, abençoando o varão e a mulher dizendo: "Sede fecundos, multiplicai-vos" (Gênesis, 1: 28). O cultivo do verdadeiro amor conjugal e toda a estrutura da vida familiar, sem desprezar os outros fins do matrimônio, tendem a dispor os cônjuges a cooperar corajosamente com o amor do Criador e do Salvador, que, por intermédio dos esposos, querem incessantemente aumentar e enriquecer sua família (CVII, 1965c, n. 11).

O amor dos esposos exige, por sua própria natureza, a unidade e a indissolubilidade com a comunidade de pessoas que engloba as suas vidas. Essa comunhão humana é confirmada, purificada e arrematada pela comunhão em Jesus Cristo, concedida pelo sacramento do matrimônio. É aprofundada pela vida de fé comum e pela eucaristia recebida em comum.

De acordo com o Catecismo da Igreja Católica (Santa Sé, 1992, n. 1654), mesmo os esposos que não são capazes de ter filhos podem desfrutar de uma vida conjugal cheia de sentido, humana e cristã. Seu matrimônio pode irradiar uma fecundidade de caridade, acolhimento e sacrifício. O matrimônio não foi instituído apenas para a procriação. Tanto a índole do pacto indissolúvel entre pessoas quanto o bem da prole exigem que o amor recíproco se realize com reta ordem – que cresça e amadureça. Assim, mesmo que faltem os filhos, a íntima comunhão da vida matrimonial continua, conservando seu valor e sua indissolubilidade.

5.2.4 A celebração do matrimônio

Toda a dimensão celebrativa do matrimônio deve ser vivida em clima de festa. A ação sacramental da Igreja é o próprio agir de Cristo na história dos cristãos. Na aliança matrimonial, homem e mulher constituem entre si uma comunhão para toda a vida, orientada para sua santificação, tendo como alicerce o amor.

Conforme a exortação apostólica *Familiaris consortio* (João Paulo II, 1981, n. 67), a celebração litúrgica do matrimônio, como gesto sacramental de santificação, deve ser válida por si mesma, digna e frutuosa.

De acordo com as demais celebrações litúrgicas da Igreja, também o matrimônio (conforme o seu ritual) apresenta uma organização em três partes:

1. **anamnética** (memória): na qual se faz a memória do mistério da criação, da instituição do matrimônio por Deus, da sua aliança com seu povo;
2. **epiclética** (invocação do Espírito Santo): em que se invoca o Espírito Santo sobre os esposos para que sejam abençoados e permaneçam fiéis;
3. **invocativa** (intercessão): na qual são feitos pedidos pelo casamento que começa.

Sobre os participantes da cerimônia, é importante fazermos algumas considerações:

- **Noivos** – São os ministros da celebração (um homem e uma mulher batizados, livres para contrair o matrimônio e que expressam livremente o seu consentimento).
- **Sacerdote, diácono ou uma testemunha qualificada nomeada pelo bispo diocesano** – É a testemunha oficial da Igreja (testemunha qualificada), que, em nome da Igreja, acolhe o consentimento dos esposos e dá a eles a bênção. A presença do ministro da Igreja (e também das testemunhas) exprime visivelmente que o casamento é uma realidade eclesial.
- **Assembleia** – É formada pelos convidados e manifesta claramente a presença viva da Igreja. Testemunha o compromisso do casal e compromete-se a animá-lo em sua nova etapa de vida.

Conforme estipula o Código de Direito Canônico, no cânone 1063 (João Paulo II, 1983), os pastores de almas têm a obrigação de cuidar para que a própria comunidade eclesial preste assistência aos fiéis a fim de que o estado matrimonial se mantenha no espírito cristão e progrida em direção à perfeição. Isso é feito pela pregação, pela preparação pessoal para contrair o matrimônio, pela adequada celebração litúrgica, pelo atendimento e pelo auxílio aos casados. A **preparação para o matrimônio** deve compreender um processo gradual e contínuo. Três são os momentos principais de preparação: 1) **remota** (desde a infância); 2) **próxima** (com idade oportuna e catequese adequada); e 3) **imediata** (últimos meses ou semanas que antecedem o matrimônio) (João Paulo II, 1981, n. 66).

As preparações próxima ou imediata têm como objetivo propiciar aos noivos um aprofundamento na compreensão e na vivência do amor, conscientizá-los a respeito das próprias responsabilidades e capacitá-los para uma opção verdadeiramente adulta, consciente e livre, conforme o ideal evangélico. Portanto, essas preparações não devem se limitar apenas a informações intelectuais ou biológicas, ignorando a dimensão sacramental e as funções próprias da família, nem se restringir aos aspectos diretamente relacionados com a vida conjugal.

Devem ensinar aos noivos que, pelo sacramento do matrimônio, a sociedade conjugal é elevada a ministério da Igreja para o serviço da sua caridade esponsal, abrangendo todo o conjunto da vida cristã na condição de vida familiar, bem como a preparação explícita para a celebração do sacramento e a abertura de toda a família para a sociedade.

Toda a preparação dos cristãos para o matrimônio deveria se estender por um tempo razoável, acompanhando os períodos do namoro e, principalmente, do noivado, durante os quais se empregam múltiplos e variados meios para atender aos diversos aspectos que ela inclui.

É muito importante que se faça um aconselhamento pré-matrimonial e que o processo de habilitação seja feito mediante encontros dos nubentes (noivos) com o sacerdote, que devem acontecer não como um formalismo burocrático, mas como espírito de serviço (CNBB, 1978).

5.2.5 Família Igreja doméstica

"As alegrias e as esperanças, as tristezas e as angústias dos homens de hoje [...], são também as alegrias e as esperanças, as tristezas e as angústias dos discípulos de Cristo [...]" (CVII, 1965b, n.1). Com essa afirmação da exortação apostólica *Gaudium et spes*, iniciamos nossa reflexão sobre a família.

Temos muitas alegrias e esperanças em relação à situação da família atualmente no Brasil. A Pastoral Familiar, por exemplo, vem crescendo em todo o país, formando melhor os casais (ao menos aqueles que têm uma vida ativa na Igreja) para o matrimônio, além da Pastoral da Criança – fundada pela doutora Zilda Arns, que conseguiu praticamente extirpar a mortalidade infantil no Brasil –, e dos movimentos familiares como Encontro de casais com Cristo (ECC), Movimento familiar cristão (MFC), entre outros, que resgataram muitos casais para a vida da Igreja.

Entretanto, não podemos negar que a família sofreu e vem sofrendo profundas mudanças, tanto em sua estrutura quanto em suas funções. Tais mudanças se originam de fatores socioeconômicos, políticos, culturais, históricos, entre outros. Assim, não é possível atuar pastoralmente na Igreja em relação à família com um discurso "tradicional", no sentido pejorativo da expressão – algo semelhante a "retrógrado".

Para falar às famílias de hoje, é preciso conhecimento e preparo teológico e psicológico; do contrário, vamos promover mais distanciamento e frustrações. Questões como segunda união, homossexualidade, aborto, preconceitos de toda espécie, dependência química e desemprego são alguns dos desafios contemporâneos que se colocam para a Igreja e exercem profundas consequências sobre as famílias.

Diante das diversas mudanças, a família foi perdendo ou dividindo funções que antes lhe eram peculiares. Apesar de estarmos vivendo novos tempos, que exigem uma nova visão de família, esta, em momento algum, torna-se uma instituição decadente ou falida. Pelo contrário, ela assume novas funções que parecem ser verdadeiramente essenciais, como educativa, afetiva, comunitária, transmissora e celebradora da fé, promotora do desenvolvimento integral da sociedade, entre outras (CNBB, 1980b).

A exortação apostólica *Familiaris consortio* (João Paulo II, 1981) resume essas funções em quatro deveres básicos da família cristã, que apresentamos sinteticamente a seguir.

....

1. **Formação de uma comunidade de pessoas** – A família é uma comunidade de pessoas fortalecida pelo amor e que tem como prioridade a vivência da comunhão. Mas essa comunhão só acontece mediante um grande espírito de sacrifício, envolvendo tolerância, perdão e reconciliação; mediante o reconhecimento da igual dignidade da mulher em relação ao homem e da dignidade e do respeito às crianças e aos anciãos da família.
2. **Serviço à vida** – Deus quis que o homem e a mulher participassem de seu amor e de seu poder de criador e pai, concedendo a eles o dom da transmissão da imagem divina pela geração de seus semelhantes. Essa fecundidade do amor divino transmitido ao casal deve ser vivida não somente no que se refere ao ato da procriação, mas também em relação à formação das pessoas em sua totalidade.
3. **Participação no desenvolvimento da sociedade** – O Concílio Ecumênico Vaticano II apresenta a família como a célula primeira e vital da sociedade, da qual emanam os futuros cidadãos. "A família é, prioritariamente, como que a mãe e a fonte da educação" (CVII, 1965b, n. 61). A família não pode reduzir sua função social apenas às obras procriativa e educativa, mas pode e deve dedicar-se às várias obras de serviço social. Seus membros devem crescer na consciência de ser protagonistas da chamada *política familiar*, assumindo responsabilidades que visam transformar a sociedade.

Participação na vida e na missão da Igreja – Entre os deveres fundamentais da família cristã, encontra-se o de se colocar a serviço da edificação do Reino de Deus na história, participando da vida e da missão da Igreja e sendo imagem viva e representação de seu mistério. É chamada a santificar-se e a santificar a comunidade cristã e o mundo. A exemplo de Cristo, a família cristã exerce seu poder pondo-se a serviço dos homens e conduzindo seus irmãos com humildade e paciência ao Pai, a quem servir é reinar. Para isso, é preciso ver no outro a imagem de Cristo.

....

Síntese

Neste capítulo, abordamos os sacramentos do serviço: *ordem* e *matrimônio*. São assim chamados porque têm caráter essencialmente relacional e conferem uma missão específica na Igreja, colaborando para a edificação do povo de Deus.

Com relação ao sacramento da ordem, enfatizamos que ele tem origem no ato de Jesus escolher um grupo de apóstolos e discípulos para continuar sua missão no mundo. Salientamos também que todos os fiéis são chamados a participar do sacerdócio de Cristo, contudo, apenas alguns têm vocação e são convocados para se dedicar exclusivamente ao serviço do Reino de Deus, junto a seu povo, por meio do governo pastoral, do ensinamento e da celebração dos sacramentos. A ordenação imprime um caráter indelével em quem é ordenado.

Quanto ao sacramento do matrimônio, apontamos que as Escrituras do início ao fim falam do casamento, de seu mistério, de sua instituição e do sentido dado por Deus a ele. Também salientamos que o consentimento matrimonial é o elemento essencial e indispensável do matrimônio, pois é produzido pelo consentimento dos noivos, o que os faz serem os ministros desse sacramento.

Indicações culturais

Carta encíclica

BENTO XVI, Papa. **Deus caritas est**: carta encíclica do sumo pontífice Bento XVI aos bispos, presbíteros e aos diáconos, às pessoas consagradas e a todos os fiéis leigos sobre o amor cristão. Roma, 25 dez. 2005. Disponível em: <http://www.vatican.va/holy_father/benedict_xvi/encyclicals/documents/hf_ben-xvi_enc_20051225_deus-caritas-est_po.html>. Acesso em: 24 jul. 2016.

Trata-se da carta encíclica do sumo pontífice Bento XVI aos bispos, presbíteros e diáconos, às pessoas consagradas e a todos os fiéis leigos sobre o amor cristão.

Nessa carta, o Papa Bento XVI fala do amor com o qual Deus acumula os cristãos. Organizada em duas grandes partes, a primeira mais especulativa e a segunda mais objetiva, o documento procura trazer uma mensagem atual e bastante concreta sobre o amor, tantas vezes mal compreendido em nossa realidade.

Vídeos

CANÇÃO NOVA. **Matrimônio é Território Santo**. In: ACAMPAMENTO PARA CASAIS, 19 jul. 2009, Cachoeira Paulista. Disponível em: <https://www.youtube.com/watch?v=If8JI2O2vvk>. Acesso em: 12 jan. 2017.

Esse vídeo é uma pregação feita pelo Padre Fábio de Melo no Acampamento para Casais, realizado de 17 a 19 de julho de 2009, na Comunidade Canção Nova, em Cachoeira Paulista. Fábio de Melo chama a atenção para a necessidade de descobrir, todos os dias, motivos para amar, para aproximar-se do outro, para continuar com o respeito e com a fidelidade. O amor eterno precisa ser conquistado todos os dias.

REDE EVANGELIZAR. **Sexualidade no casamento.** Programa Evangeliza Show, 16 mar. 2013. Disponível em: <https://www.youtube.com/watch?v=9M076OH9K3k>. Acesso em: 12 jan. 2017.

Nesse vídeo, o Padre Reginaldo Manzotti aborda a temática da sexualidade no casamento. Conversando com a convidada, a psicóloga Eloá Andreassa (autora do livro *Amar é para equilibristas*), Manzotti procura responder a questões concretas.

Atividades de autovaliação

1. No que diz respeito aos fundamentos bíblicos do sacramento do matrimônio, analise as proposições a seguir:

   i) A Bíblia, do início ao fim, refere-se ao casamento, iniciando com a criação do homem e da mulher e encerrando com as núpcias do Cordeiro.

   ii) Os fundamentos bíblicos pertinentes ao matrimônio são considerados muito frágeis e necessitam de muita interpretação.

   iii) A aliança de Deus com o seu povo, relatada na Bíblia, é considerada símbolo do matrimônio.

   iv) No Novo Testamento, o tema do matrimônio é deixado de lado, pois o centro da mensagem são as ações apostólicas.

   Estão corretas apenas as proposições:

   a) I e II.
   b) I e III.
   c) II e IV.
   d) III e IV.
   e) I e IV.

2. Com relação ao significado da palavra *ordem*, assinale a alternativa correta:
   a) *Ordem* é um termo de origem inglesa e designa o modo como um ser humano organiza sua casa.
   b) Segundo Tomás de Aquino, *ordem* é a maneira como o papa designa os cardeais e os demais membros da hierarquia da Igreja.
   c) Na Antiguidade romana, a palavra *ordem* tinha um sentido civil para designar aqueles que governavam.
   d) Atualmente, o termo *ordem* é de uso reservado no campo do direito, a juízes e desembargadores.
   e) *Ordem* é um termo contemporâneo criado logo após a Segunda Guerra Mundial por influência de filósofos positivistas.

3. Sobre os elementos essenciais do sacramento do matrimônio, marque V para verdadeiro e F para falso:
   ( ) Unidade.
   ( ) Indissolubilidade.
   ( ) Abertura à fecundidade.
   ( ) Abertura ao divórcio.

   Agora, assinale a alternativa que apresenta a sequência correta:
   a) V, V, V, F.
   b) F, F, F, V.
   c) V, V, F, F.
   d) F, F, V, V.
   e) V, F, F, F.

4. No que diz respeito ao tema da **ordenação de mulheres** segundo a posição do magistério da Igreja, assinale V para verdadeiro e F para falso:

( ) É um tema de grande relevância e de grande aceitação pelo magistério da Igreja, que realiza essa ordenação desde o século II.

( ) É um tema considerado espinhoso, para o qual se procurou colocar um ponto final nas discussões.

( ) Há uma declaração papal que estabelece como definitivo o fato de a Igreja não conferir ordenação a mulheres.

( ) Trata-se de uma questão muito mais de conveniência do que de dogmática e, por isso, é de fácil solução.

Agora, assinale a alternativa que apresenta a sequência correta:

a) V, V, F, F.
b) F, F, V, V.
c) F, V, V, F.
d) V, F, F, V.
e) F, F, F, V.

5. Assinale a alternativa que apresenta as finalidades do sacramento do matrimônio:

a) Amor e paciência.
b) Unidade e indissolubilidade.
c) Noivo e noiva.
d) Bíblia e eucaristia.
e) Igreja e salvação.

Atividades de aprendizagem

Questões para reflexão

1. Por que ordem e matrimônio são chamados *sacramentos de serviço*?
2. Quem são os ministros do sacramento do matrimônio? Explique.
3. Quais são os três graus do sacramento da ordem?

Atividade aplicada: prática

1. Procure participar de uma celebração do sacramento do matrimônio e de uma ordenação sacerdotal. Observe as palavras, os gestos, a organização da celebração litúrgica, os detalhes nos ritos, entre outros, e procure relacionar suas percepções com a teologia de cada sacramento conforme estudamos neste capítulo. Depois, escreva um texto com uma síntese do que você observou.

capítulo seis

Outras celebrações litúrgicas[1]

1 Todas as passagens bíblicas utilizadas neste capítulo são citações da Bíblia de Jerusalém (2002). Os documentos da Igreja Católica que foram publicados pelo Concílio Ecumênico Vaticano II (1961-1965) são indicados pela sigla CVII. Na seção "Referências", esses documentos estão elencados sob a autoria de CVII – Concílio Ecumênico Vaticano II.

06

Os sacramentais estão orientados no Catecismo da Igreja Católica (Santa Sé, 1992) e nos documentos do Concílio Ecumênico Vaticano II (CVII, 1963; 1964; 1965a; 1965b; 1965c). São ações e ritos da Igreja para abençoar pessoas, objetos, lugares e acontecimentos. Os sacramentais são as bênçãos e o exorcismo. A liturgia católica prevê, também, para o momento da morte, as exéquias cristãs. Tanto os sacramentais quanto as exéquias cristãs são apresentados aqui com base em três pontos estruturais: fundamentação bíblica, orientações do ensino da Igreja e indicações rituais.

6.1 Os sacramentais

Conforme determinação da Igreja, os cristãos têm para si o uso dos **sacramentais**, os quais são sinais de fé que, sob a oração, têm efeitos espirituais. Um aspecto importante dos sacramentais é o caminho de santificação, de vivência próxima da fé. São indicações práticas da fé. Algumas orientações importantes sobre os sacramentais estão presentes no Catecismo da Igreja Católica (Santa Sé, 1992), entre os números 1667 e 1679, e nas decisões do Concílio Ecumênico Vaticano II (CVII, 1963).

As características principais dos sacramentais são **ações** e **ritos** instituídos pela Igreja para abençoar e santificar os diferentes ministérios dela, as escolhas de vida dos cristãos, os acontecimentos diversos em suas vidas e os objetos utilizados no dia a dia pelos fiéis. Algumas ações culturais, ligadas à história de uma comunidade ou de uma região, podem ser aprovadas pelo bispo como um sacramental. Os principais sinais que acompanham um sacramental são a **oração**, a **imposição das mãos**, o **sinal da cruz** e a **aspersão de água benta** – em uma referência ao batismo.

Presidir os sacramentais inclui a participação de todo cristão, pois é uma forma de exercitar o sacerdócio batismal. Ser cristão é ser uma benção para a humanidade, logo, é possível a ele abençoar também (Gênesis, 12: 2; Lucas, 6: 28; Romanos, 12: 14; I Pedro, 3: 9) (CVII, 1963). A ressalva é que as bênçãos, como ações sacramentais que deixam claros os aspectos de ligação com a instituição eclesial e sacramental, devem ser presididas por ministros ordenados (bispos, presbíteros ou diáconos) (Conferência Episcopal Portuguesa, 1991, p. 13). Sob a oração da Igreja, os sacramentais preparam as pessoas para o recebimento da graça de Deus e as ajudam a abrirem-se à ação de Deus em suas vidas.

A celebração dos sacramentais proporciona ao cristão o acesso à graça de Deus para santificar sua vida, vivendo pelos sinais litúrgicos o mistério pascal do Senhor Jesus, fonte espiritual dos sacramentos e dos sacramentais. Estes lembram o bom uso e a origem profundamente divina dos relacionamentos e do cuidado com toda a criação. Quando, por exemplo, o cristão abençoa um objeto, não está apenas lembrando de sua finalidade vital para o ser humano, mas rememorando o caráter divino da criação (CVII, 1963).

6.1.1 Tipos sacramentais

Como dissemos anteriormente, os sacramentais são constituídos por **bênçãos** e pelo **exorcismo**. As bênçãos são as invocações da graça de Deus sobre pessoas, objetos, lugares e acontecimentos. Quando se abençoa, louva-se a Deus, orando em sua presença, porque os cristãos são abençoados pelo próprio Deus em Cristo (Efésios, 1: 3). Esse é o motivo de abençoar sob o nome de Jesus e fazer o sinal da cruz.

As **bênçãos** são realizadas para a dedicação de igrejas, altares, óleos, vasos, roupas para liturgia, sinos etc. Também para a consagração de pessoas (diferentemente das ordenações diaconal, presbiteral e episcopal): viúvas e virgens, ministros litúrgicos e pastorais, catequistas, leitores, acólitos etc. Existem bênçãos para a casa, a saúde, o trabalho, automóveis, lavouras, animais etc. Todas as situações que envolvem a fé, a união com Deus e a valorização da vida são ocasiões para invocação de bênçãos. Algumas bênçãos, como destacado, são de **consagração**, ou seja, são usadas para abençoar pessoas, objetos e lugares – estes ficam reservados para determinado fim (como a dedicação de um templo).

O **exorcismo** é a prática da Igreja em anunciar publicamente, por sua autoridade e em nome de Jesus, que alguém ou alguma coisa está protegido contra as investidas do mal e libertado de sua posse. O exorcismo aparece nas ações de Jesus, e a Igreja o faz a partir dele (Marcos, 1: 25-26; 3: 15; 6: 7-13; 16: 17). No batismo, existe uma fórmula de exorcismo simplificada, usada durante o rito.

A finalidade do exorcismo é a expulsão dos poderes diabólicos e demoníacos pela autoridade que Jesus confia à Igreja. Contudo, deve haver uma atenção e um cuidado pastoral em sua realização. Antes de recorrer ao exorcismo, é fundamental analisar as condições de saúde da pessoa, verificar aquilo que é da medicina, tomando os cuidados necessários em vista da seriedade do ato e para evitar sua banalização. Por muito tempo, doenças psíquicas foram confundidas com possessão demoníaca. Na atualidade, o exorcismo é realizado somente por presbíteros com autorização do bispo, observando as regras firmadas pela Igreja (Santa Sé, 1992, n. 1172).

A **religiosidade popular** é um fator central na vida de muitos cristãos e deve ter seu lugar preservado no desenvolvimento da vida comunitária, junto com os sacramentais e os sacramentos[2]. Aquilo que a religiosidade popular manifesta está na continuidade daquilo que a Igreja realiza oficialmente pela liturgia, e não substitui esta, mas a enriquece. O desafio é sempre a integração, o direcionamento, a explicação do lugar e da importância de cada ação (CVII, 1963). O instrumento pastoral é o discernimento. O sentimento religioso presente nas devoções precisa estar centralizado em Cristo e deve ser manifestado na vida das pessoas (João Paulo II, 1979, n. 54).

A religiosidade do povo, no seu núcleo, é um acervo de valores que responde com sabedoria cristã às grandes incógnitas da existência.

A sapiência popular católica tem uma capacidade de síntese vital: engloba criadoramente o divino e o humano, Cristo e Maria, espírito e

---

2   "O sentimento religioso do povo cristão desde sempre encontrou a sua expressão em variadas formas de piedade, que rodeiam a vida sacramental da Igreja, tais como a veneração das relíquias, as visitas aos santuários, as peregrinações, as procissões, a via-sacra, as danças religiosas, o rosário, as medalhas etc." (Santa Sé, 1992, n. 1674).

corpo, comunhão e instituição, pessoa e comunidade, fé e pátria, inteligência e afecto. Esta sabedoria é um humanismo cristão que afirma radicalmente a dignidade de toda a pessoa como filho de Deus, estabelece uma fraternidade fundamental, ensina a encontrar a natureza e a compreender o trabalho e proporciona as razões para a alegria e o humor, mesmo no meio de uma vida muito dura. Esta sabedoria é também para o povo um princípio de discernimento, um instinto evangélico pelo qual capta espontaneamente quando se serve na Igreja o Evangelho e quando ele é esvaziado e asfixiado por outros interesses. (Documento de Puebla, 1980, n. 448, citado por Santa Sé, 1992, n. 1676)

Desse modo, é possível percebermos o intenso valor que o magistério da Igreja dedica às diferentes formas de celebração e anúncio da Palavra de Deus e de seu eterno amor, inclusive no momento em que o cristão finaliza sua caminhada neste mundo.

6.2 As exéquias cristãs

Os sete sacramentos remetem-se à Páscoa de Cristo: sua vida, sua morte e sua ressurreição. Com mais ênfase, os sacramentos de iniciação à vida cristã direcionam o fiel para a sua páscoa em Cristo – morrer e ressuscitar com ele, chegar ao Reino de Deus –, assim como dizemos na liturgia eucarística: "E espero a ressurreição dos mortos e a vida do mundo que há-de vir"[3]. Para o cristão, a morte tem sentido sob a iluminação do mistério pascal de Jesus – na morte e na ressurreição de Jesus está a esperança do cristão:

---

3   Parte final do credo de Niceia-Constantinopla (Denzinger, 1963, n. 150).

morrer é morrer em Cristo (II Coríntios, 5: 8); morrer é nossa páscoa em Cristo[4].

Durante sua vida, o cristão está sendo gestado na comunidade e na Igreja, para seu nascimento na vida do Reino de Deus. A Igreja faz o papel da mãe que gera e traz os cristãos à vida para apresentar cada um deles ao Pai. O caminho para esse oferecimento da pessoa é Jesus Cristo, por ele os fiéis são levados à ressurreição para a vida (I Coríntios, 15: 42-44). Na liturgia, os cristãos celebram essa entrega na eucaristia e no momento em que um cristão é sepultado, por meio da celebração das **exéquias**. Na liturgia, as exéquias cristãs são uma ação pastoral da Igreja com a finalidade de evidenciar a comunhão dela com o defunto e de fazer participar dessa comunhão toda a comunidade de fé reunida, anunciando aquilo que os fiéis esperam: a vida eterna.

A celebração das exéquias tem mais de um rito, mas todos apresentam o significado pascal da morte do cristão. A maneira de sepultar uma pessoa varia entre as culturas e os costumes, e a Igreja orienta que, na medida do possível, sejam respeitadas as formas litúrgicas (ritos) oficiais da Igreja (CVII, 1963, n. 81).

A liturgia da Igreja apresenta três formas de celebração das exéquias (*Ordo exsequiarum*), ligadas aos lugares onde é celebrada: se na casa, na igreja ou no cemitério. A celebração tem quatro momentos:

1. **Acolhida da comunidade** – Os presentes são recebidos com uma saudação da fé. Os parentes da pessoa que morreu são especialmente acolhidos. Essa acolhida deve destacar o conforto, a

---

4 "O dia da morte inaugura para o cristão, no **termo da sua vida sacramental**, a consumação do seu novo nascimento começado no Baptismo, o definitivo 'assemelhar-se à imagem do Filho', conferido pela unção do Espírito Santo e pela participação no banquete do Reino, antecipada na Eucaristia, ainda que algumas derradeiras purificações lhe sejam ainda necessárias, para poder vestir o traje nupcial." (Santa Sé, 1992, n. 1682, grifo do original).

força e a esperança. Lembramos que a esperança dos cristãos está em Deus (I Tessalonicenses, 4: 18.). O anúncio da esperança atinge toda a comunidade, pois são palavras que se remetem à vida eterna. Isso serve para que os presentes (parentes e comunidade) possam visualizar além do agora, do mundo que se vê, e direcionar o olhar para a ressurreição do Senhor.

2. **Liturgia da palavra** – Utilizam-se textos que lembrem a esperança, a vida e a superação. É o momento da inclusão de quem está "à beira do caminho". Anunciam-se vida e alegria pela espera da acolhida em Deus. Traz-se a luz da ressurreição sobre a morte do cristão (Conferência Episcopal Portuguesa, [S.d.]).

3. **Eucaristia** – É o ponto central da celebração, principalmente se as exéquias forem realizadas na Igreja. A eucaristia exprime em profundidade o que significa a morte cristã, por conta de sua ligação com a Páscoa de Jesus.

É então que a Igreja manifesta a sua comunhão eficaz com o defunto: oferecendo ao Pai, no Espírito Santo, o sacrifício da morte e ressurreição de Cristo, pede-Lhe que o seu filho defunto seja purificado dos pecados e respectivas consequências, e admitido à plenitude pascal da mesa do Reino. É pela Eucaristia assim celebrada que a comunidade dos fiéis, especialmente a família do defunto, aprende a viver em comunhão com aquele que "adormeceu no Senhor", comungando o corpo de Cristo, de que ele é membro vivo, e depois rezando por ele e com ele. (Santa Sé, 1992, n. 1689)

4. **Adeus** – Entrega-se a pessoa ao Deus da vida por meio da comunidade, que faz a última saudação ao defunto, antes de reservar o corpo em local apropriado. Na Igreja bizantina, há o costume de beijar, de despedir-se da pessoa que morreu com o ósculo da paz. Na saudação final:

canta-se por ele ter partido desta vida e pela sua separação, mas também porque há uma comunhão e uma reunião. Com efeito, mortos, nós não nos separamos uns dos outros, porque todos percorremos o mesmo caminho e nos reencontraremos no mesmo lugar. Nunca nos separaremos, porque vivemos para Cristo e agora estamos unidos a Cristo, indo para Ele... estaremos todos juntos em Cristo. (São Simão de Tessalônica, citado por Santa Sé, 1992, n. 1690)

A liturgia para aqueles que morrem em comunidade será sempre pascal. A concentração é sobre a ressurreição, revivendo sempre que Jesus, sendo por Deus ressuscitado dos mortos, é a certeza da ressurreição dos fiéis. A liturgia das exéquias é marcada pela alegria de uma certeza: "Pois estou convencido de que nem a morte nem a vida, nem os anjos nem os principados, nem o presente nem o futuro, nem os poderes, nem a altura, nem a profundeza, nem qualquer outra criatura poderá nos separar do amor de Deus manifestado em Cristo Jesus, nosso Senhor" (Romanos, 8: 38-39).

A alegria da liturgia não significa frieza diante pela tristeza da perda de alguém, mas fortaleza para os que permanecem. Se há tristeza pela perda, é porque havia amor na convivência. É importante lembrar que Jesus chora na sepultura de Lázaro. As exéquias são a comunhão de fé na tristeza da perda e o fortalecimento da caminhada na certeza da alegria do Reino de Deus.

Síntese

Tratamos, neste capítulo, dos sacramentais, que são os sinais sagrados instituídos pela Igreja e cuja finalidade é preparar os seres humanos para receber os frutos dos sacramentos e santificar as diferentes circunstâncias da vida. Entre os sacramentais, as bênçãos ocupam um lugar importante. Compreendem, ao mesmo tempo, o louvor a Deus por suas obras e a intercessão da Igreja para que os homens possam fazer uso dos dons de Deus segundo o espírito do Evangelho. Além da liturgia, a vida cristã nutre-se das variadas formas de piedade popular, enraizadas nas diferentes culturas. Procurando esclarecê-las com a luz da fé, a Igreja favorece as formas de religiosidade popular que exprimem um instinto evangélico e uma sabedoria humana e que enriquecem a vida cristã (Santa Sé, 1992, n. 1677-1679).

Vimos também que a liturgia cristã celebra os funerais com a comunidade relacionando-os ao mistério pascal do Senhor Jesus. Nessa liturgia, a Igreja recomenda seus filhos a Deus e, uma vez que passaram pelo batismo e estão incorporados a Cristo, como ele morrem e ressuscitam, não permanecem na morte, mas passam para a vida plena. Purificados pela morte redentora do Senhor Jesus, são congregados aos que estão no Céu e aguardam em corpo a vinda de Cristo para a ressurreição dos mortos. É nesse sentido que, nas exéquias, celebra-se a eucaristia, a memória da morte e da ressurreição de Cristo, a sua Páscoa. Todos os presentes são beneficiados espiritualmente: constitui-se ajuda espiritual para o que partiu desta vida; consolo e esperança para os que ficam.

Indicações culturais

Sites

SANTA SÉ. A celebração do mistério cristão. In: SANTA SÉ. **Catecismo da Igreja Católica**. 1992. Disponível em: <http://www.vatican.va/archive/cathechism_po/index_new/p2s2cap4_1667-1690_po.html>. Acesso em: 13 jan. 2016.

O Catecismo da Igreja Católica, em seu Capítulo 4, entre os números 1667 e 1679, apresenta a catequese sobre os sacramentais, e entre os números 1680 e 1690, sobre as exéquias cristãs.

CONFERÊNCIA EPISCOPAL PORTUGUESA. **Celebração das exéquias.** Ritual Romano. [S.l.: s.n.], [S.d.]. Disponível em: <http://www.liturgia.pt/rituais/Exequias.pdf>. Acesso em: 12 jan. 2017.

Documento importante do Secretariado Nacional de Liturgia, de Portugal, com explicações e orientações pastorais e teológicas sobre as exéquias cristãs.

Vídeos

DEVOTO FIDES. **Exéquias**: Pe. Zezinho. 3 nov. 2011. Disponível em: <https://www.youtube.com/watch?v=WtQDTBdUH48>. Acesso em: 13 jan. 2017.

Uma bela e profunda catequese sobre o momento da morte/ressurreição do cristão.

ESPAÇOMARIA. **O poder da agua benta, sacramental, agua benzida.avi**. 2 jun. 2010. Disponível em: <http://www.youtube.com/watch?v=31K_YgNMrYg>. Acesso em: 13 jan. 2016.

Orientações e informações de cunho teológico e pastoral sobre a benção com a água benta.

TV HORIZONTE. **Formação litúrgica**: os sacramentos x sacramentais. Programa Questões de Fé. 28 dez. 2012. Disponível em: <http://www.youtube.com/watch?v=cpzkgDxvT2k>. Acesso em: 13 jan. 2016.

Vídeo de formação litúrgica sobre as diferenças entre os sacramentos e os sacramentais.

Sacramento do matrimônio

Atividades de autoavaliação

1. As principais características dos sacramentais são as ações e os ritos estabelecidos oficialmente pela Igreja com a finalidade de abençoar e santificar as funções ministeriais das comunidades cristãs católicas, as opções de vida, os diferentes acontecimentos da vida das pessoas e os objetos usados pelos cristãos. Sendo assim, assinale a alternativa que contém os principais sinais presentes nos sacramentais:
   a) Oração, imposição das mãos, sinal da cruz e aspersão de água benta em referência ao batismo.
   b) Unção com o óleo dos enfermos, imposição das mãos e sinal da cruz.
   c) Oração, imposição das mãos e recitação da ave-maria.
   d) Oração em latim, imposição das mãos e saudação da paz.
   e) Oração, imposição das mãos e confissão auricular dos pecados.

2. Sobre o significado dos sacramentais, analise as afirmativas a seguir e assinale V para verdadeiro e F para falso:
   ( ) A presidência da liturgia dos sacramentais exige a participação de todos os cristãos presentes na oração; com essa atitude, exercita-se o sacerdócio batismal. O cristão é para o mundo uma benção na medida em que, estando na graça de Deus, abençoa os demais (Gênesis, 12: 2; Lucas, 6: 28; Romanos, 12: 14; I Pedro, 3: 9).
   ( ) As bênçãos são ações sacramentais e por elas clarifica-se a ligação do objeto abençoado com a Igreja, pois, de forma eclesial e sacramental, devem ser presididas por ministros ordenados (bispos, presbíteros ou diáconos).

( ) Sob a oração da Igreja, os sacramentais preparam as pessoas para o recebimento da graça de Deus e as ajudam a abrirem-se à ação de Deus em suas vidas.

( ) A celebração dos sacramentais proporciona ao cristão o acesso à graça de Deus, a santificar sua vida, vivendo pelos sinais do mistério pascal do Senhor Jesus, fonte espiritual dos sacramentos.

( ) Os sacramentais lembram o bom uso e a origem profundamente divina dos relacionamentos e do cuidado com toda a criação. Quando, por exemplo, um objeto é abençoado, não se está apenas lembrando de sua finalidade vital para o ser humano, mas rememorando o caráter divino da criação.

Agora, assinale a alternativa que apresenta a sequência correta:

a) V, V, V, F, V.
b) V, V, V, V, F.
c) F, V, V, V, V.
d) V, F, V, V, V.
e) V, V, F, V, V.

3. Sobre os tipos sacramentais, leia as afirmativas a seguir:
   I) As bênçãos são a invocação da graça de Deus sobre pessoas, objetos e lugares. Quando se abençoa, louva-se a Deus, orando em sua presença.
   II) Algumas bênçãos são de consagração, usadas para abençoar objetos, pessoas e lugares – e estes ficam reservados para determinado fim. Entram aqui a benção e a dedicação de igrejas, altares, óleos, vasos, roupas para liturgia, sinos etc., além da consagração de pessoas.

iii) O exorcismo é a prática da Igreja em anunciar publicamente por sua autoridade e em nome de Jesus, que alguém ou alguma coisa está protegido contra as investidas do mal e dele libertado.

iv) A finalidade do exorcismo é a expulsão dos poderes diabólicos e demoníacos pela autoridade que Jesus confia à Igreja. Contudo, deve haver uma atenção e um cuidado pastoral profundos em sua realização.

v) O exorcismo é um fator central na vida de muitos cristãos e deve ter seu lugar preservado no desenvolvimento da vida comunitária, junto com os sacramentais e com os sacramentos.

Estão corretas apenas as afirmações:

a) I, II, III e IV.
b) I, II, III e V.
c) II, III, IV e V.
d) I, III, IV e V.
e) I, II, IV e V.

4. Sobre o significado das exéquias cristãs, analise com atenção as afirmativas a seguir e assinale V para verdadeiro e F para falso:
( ) Durante sua vida, o cristão está sendo gestado na comunidade e na Igreja, para seu nascimento na vida do Reino de Deus.
( ) A Igreja faz o papel da mãe, que gera e traz os cristãos à vida para apresentar cada um deles ao Pai. O caminho para esse oferecimento da pessoa é Jesus Cristo, por ele os fiéis são levados à ressurreição para a vida (I Coríntios 15: 42-44).
( ) A liturgia das exéquias cristãs é uma ação pastoral da Igreja com a finalidade de evidenciar a comunhão dela com o defunto, fazendo participar dessa comunhão toda a

comunidade de fé reunida, anunciando aquilo que os fiéis esperam: a vida eterna.

( ) A celebração das exéquias tem apenas um rito: aquele cujo significado pascal está relacionado à saída do Egito.

Agora, assinale a alternativa que apresenta a sequência correta:

a) V, V, V, F.
b) F, V, V, V.
c) V, F, V, V.
d) V, V, F, V.
e) V, F, V, F.

5. A respeito da liturgia de exéquias cristãs, leia as afirmações a seguir.

   I) Os presentes são recebidos com uma saudação litúrgica, acolhendo-se de forma atenciosa os parentes da pessoa falecida. A acolhida deve trazer conforto, força e esperança.

   II) Os textos devem lembrar a esperança, a vida e a superação da tristeza; devem anunciar vida e alegria pela espera da acolhida de Deus e trazer a luz da ressurreição sobre a morte.

   III) A eucaristia nas exéquias exprime o que significa a morte cristã, por sua ligação com a Páscoa de Jesus. É o ponto central da celebração, principalmente se as exéquias forem realizadas na Igreja.

   IV) A liturgia para aqueles que morreram na comunidade será sempre pascal. A concentração é sobre a ressurreição, revivendo sempre que Jesus, sendo por Deus ressuscitado dos mortos, é a certeza da ressurreição dos fiéis. Por isso, a marca principal das exéquias cristãs é a tristeza, lembrando Jesus crucificado.

Estão corretas apenas as afirmativas:

a) I, III e IV.
b) I, II e III.
c) II, III e IV.
d) I, II e IV.
e) III e IV.

Atividades de aprendizagem

Questões para reflexão

1. Explique o exorcismo no contexto dos sacramentais.
2. O que significam as exéquias cristãs?
3. Escreva o significado da liturgia das exéquias cristãs que acontece em uma celebração eucarística.

Atividade aplicada: prática

1. Pesquise, em sua comunidade (paróquia ou capela), as celebrações, as procissões e as novenas realizadas e entreviste algumas pessoas sobre o significado dessas celebrações para elas.

considerações finais

Jesus Cristo é o único e maior sacramento da Igreja Católica, e ela é o Cristo que continua vivo na história. A Igreja é para os católicos a presença do Cristo-sacramento; uma Igreja-comunidade, que é o sinal, o testemunho concreto do Reino de Deus para os fiéis. A Igreja é universal, pois representa o mistério da presença do reino esperado, que une o que é múltiplo na humanidade sob o Deus único da fé; e também é particular, presente nas diferentes realidades do planeta, reunida em grandes e pequeninas comunidades.

A primeira e fundamental tarefa da Igreja é revelar o mistério de Cristo: a realização do plano de amor de Deus para a salvação dos homens pela encarnação e pela união das naturezas divina e humana em Jesus de Nazaré. A Igreja mostra esse mistério pela presença do próprio Senhor Jesus dentro dela, animada pelo Espírito Santo e sustentada pelo amor de Deus Pai, vivendo a divindade e a humanidade que lhe são próprias. A Igreja também é mistério, querida e conduzida por Deus e organizada por homens e mulheres que vivem na graça e no pecado, próprios da condição humana. O mistério da Igreja está no fato de que compreendê-la vai além da capacidade dos homens, pois ela é guiada pelo Espírito Santo e sinaliza Jesus – Deus e homem – por meio do ensino da humanidade.

A Igreja é sinal da comunhão do povo de Deus. Manifesta a comunhão entre Deus, homens e mulheres e a comunhão da humanidade entre si. A vida de fé em comunidade é a realização da comunhão querida por Deus, que se estende pela vida cotidiana, e os sacramentos são os vínculos de fortalecimento e a presença permanente de Deus no meio de seu povo. A comunidade é a manifestação do grande sacramento: Jesus Cristo, sem o qual não há sentido nos demais atos sacramentais.

A característica fundamental da Igreja do povo de Deus é o serviço à humanidade, como o próprio Cristo, que veio para servir. A Igreja faz-se serviço na comunhão, sendo, ao mesmo tempo, servidora e libertadora, pois a salvação anunciada pelo mistério da fé cristã acontece pelo serviço que liberta. Sem a comunhão de fé que serve e liberta, não existe a presença da Igreja de Cristo e os sacramentos esvaziam-se no rito. Cristo acolhe, por sua encarnação, toda a humanidade no amor de Deus. Acolher é a grande ação sacramental da Igreja na vivência em comunidade.

A Igreja é essencialmente missão – sua característica é ser missionária, anunciar e levar a mensagem do Evangelho. Em Jesus Cristo, a Igreja, é reveladora do plano de Deus – essa é a sua missão como comunidade e, consequentemente, é a missão de todos os cristãos. O cristão é evangelizador, missionário, anunciador do amor de Deus no cotidiano de sua vida. A tarefa da Igreja de evangelizar é dupla: proclamar, dizer ao mundo a salvação (anúncio querigmático) e aprofundar esse anúncio, ou seja, ensinar e catequizar. Isso se realiza pela palavra, pela liturgia, pelos sacramentos e pelos testemunhos pessoal e comunitário.

Assim, os sacramentos inserem-se no contexto da Igreja como partes do sacramento universal da presença de Cristo, o sacramento eterno do Pai. Por isso, ela é o sinal do mistério de Cristo em meio ao povo de Deus na sua permanente missão. Os sacramentos são encontros de vida com o Criador e apenas têm sentido na crença em Jesus, na plenitude da criação e na vivência contínua da fé pessoal e coletiva. Os sacramentos são sinais que tornam os cristãos imagens do amor de Deus, porque são amados por ele.

referências

ACI DIGITAL. **No domingo, dia do Senhor**. Disponível em: <http://www.acidigital.com/apologetica/diasenhor.htm>. Acesso em: 8 fev. 2017.

AGOSTINHO, Santo. Epistula. In: CNBB – Confederação Nacional dos Bispos do Brasil. **Catecismo da Igreja Católica**: edição revisada de acordo com o texto oficial em latim. São Paulo: Loyola, 2000a.

AGOSTINHO, Santo. Iohannis evangelium tractatus. In: CNBB – Confederação Nacional dos Bispos do Brasil. **Catecismo da Igreja Católica**: edição revisada de acordo com o texto oficial em latim. São Paulo: Loyola, 2000b.

AGUILAR, M. **A descoberta da graça**: engajamento cristão através dos sacramentos. Petrópolis: Vozes, 1983. v. 3.

AUNEAU, J. **O sacerdócio na Bíblia**. São Paulo: Paulus, 1994.

AZPITARTE, E. L. **Ética da sexualidade e do matrimônio**. São Paulo: Paulus, 1997.

BARTMANN, B. **Teologia dogmática**. São Paulo: Paulinas, 1964. v. 3.

BENTO XVI, Papa. **Deus caritas est**: carta encíclica do sumo pontífice Bento XVI aos bispos, presbíteros e aos diáconos, às pessoas consagradas e a todos os fiéis leigos sobre o amor cristão. Roma, 25 dez. 2005. Disponível em: <http://www.vatican.va/holy_father/benedict_xvi/encyclicals/documents/hf_ben-xvi_enc_20051225_deus-caritas-est_po.html>. Acesso em: 24 jul. 2016.

BÍBLIA. Português. **Bíblia de Jerusalém**. São Paulo: Paulus, 2002.

BOROBIO, D. Da celebração à teologia: que é um sacramento? In: BOROBIO, D. (Org.). **A celebração na Igreja**: liturgia e sacramentologia fundamental. São Paulo: Loyola, 1990. p. 283-424. v. 1.

BOROBIO, D. **Pastoral dos sacramentos**. Petrópolis: Vozes, 2000.

BOROBIO, D. (Org.). **A celebração na Igreja**. São Paulo: Edições Loyola, 1993. (Série Sacramentos, v. 1).

BORTOLINI, J. **Os sacramentos em sua vida**: uma visão completa em linguagem popular. São Paulo: Paulus, 2013.

BUYST, I.; FRANCISCO, M. J. **O mistério celebrado**: memória de compromisso II. Teologia Litúrgica. São Paulo: Paulinas, 2004. v. 10

CELAM – Conselho Episcopal Latino-Americano. Documento de Aparecida: texto conclusivo da V Conferência Geral do Episcopado Latino-americano e do Caribe. São Paulo: Paulinas/Pauleis, 2007.

CNBB – Confederação Nacional dos Bispos do Brasil. **A família, como vai?** Campanha da Fraternidade – 1994 – CNBB. Texto-base. São Paulo: Salesiana/Dom Bosco, 1994.

CNBB – Confederação Nacional dos Bispos do Brasil. **Batismo de crianças.** Itaici, 14 fev. 1980a. Disponível em: <http://www.cnbb.org.br/index.php?option=com_docman&view=download&alias=81-19-batismo-de-criancas&Itemid=251>. Acesso em: 9 nov. 2016.

CNBB – Confederação Nacional dos Bispos do Brasil. CONFERÊNCIA GERAL DO EPISCOPADO LATINO-AMERICANO E DO CARIBE, 5., 2007, Aparecida. **Anais...** Brasília: CNBB, 2007. p. 1-301.

CNBB – Confederação Nacional dos Bispos do Brasil. **Orientações pastorais sobre o matrimônio.** Itaici, 18-25 abr. 1978. Disponível em: <http://www.cnbb.org.br/index.php?option=com_docman&view=download&alias=74-12-orientacoes-pastorais-sobre-o-matrimonio&Itemid=251>. Acesso em: 9 nov. 2016.

CNBB – Confederação Nacional dos Bispos do Brasil. **Rito de batismo de crianças.** 16. ed. Petrópolis: Vozes, 1971.

CNBB – Confederação Nacional dos Bispos do Brasil. Rito de unção dos enfermos. In: **Sacramentário.** 2. ed. Petrópolis: Vozes, 1975.

CNBB – Confederação Nacional dos Bispos do Brasil. **Valores básicos da vida e da família.** Itaici, 5-14 fev. 1980b. Disponível em: <http://www.cnbb.org.br/index.php?option=com_docman&view=download&alias=80-18-valores-basicos-da-vida-e-da-familia&Itemid=251>. Acesso em: 9 nov. 2016.

CONCÍLIO ECUMÊNICO DE TRENTO. Contra as inovações doutrinárias dos protestantes: Seção VII – Sobre os sacramentos. Trento, 3 mar. 1547. **Montfort Associação Cultural.** Disponível em: <http://www.montfort.org.br/bra/documentos/concilios/trento/#sessao7>. Acesso em: 9 nov. 2016.

CONCÍLIO ECUMÊNICO DE TRENTO. Contra as inovações doutrinárias dos protestantes: Seção XXII – Doutrina sobre o santíssimo sacrifício da missa. Trento, 17 set. 1562. **Montfort Associação Cultural**. Disponível em: <http://www.montfort.org.br/bra/documentos/concilios/trento/#sessao22>. Acesso em: 9 nov. 2016.

CONFERÊNCIA EPISCOPAL PORTUGUESA. **Celebração das bênçãos**. Ritual romano. Coimbra: Gráfica de Coimbra, 1991.

CONFERÊNCIA EPISCOPAL PORTUGUESA. **Celebração das exéquias**. Ritual Romano. [S.l.: s.n.], [S.d.]. Disponível em: <http://www.liturgia.pt/rituais/Exequias.pdf>. Acesso em: 12 jan. 2017.

CONFERÊNCIA EPISCOPAL PORTUGUESA. **Celebração do baptismo das crianças**. Ritual romano. Segunda edição típica. Coimbra: Gráfica de Coimbra, 1994. Disponível em: <http://www.liturgia.pt/rituais/Baptismo.pdf>. Acesso em: 9 fev. 2017.

CUNHA, A.; IDÍGORAS, J. L. **Vocabulário teológico para a América Latina**. São Paulo: Paulinas, 1983.

CVII – Concílio Ecumênico Vaticano II. **Ad gentes**: decreto sobre a atividade missionária da Igreja. In: CONCÍLIO ECUMÊNICO VATICANO, 2., 1961-1965, Vaticano, 7 dez. 1965a. Disponível em: <http://www.vatican.va/archive/hist_councils/ii_vatican_council/documents/vat-ii_decree_19651207_ad-gentes_po.html>. Acesso em: 9 nov. 2016.

CVII – Concílio Ecumênico Vaticano II. **Gaudium et spes**: constituição pastoral sobre a Igreja no mundo actual. In: CONCÍLIO ECUMÊNICO VATICANO, 2., 1961-1965, Vaticano, 7 dez. 1965b. Disponível em: <http://www.vatican.va/archive/hist_councils/ii_vatican_council/documents/vat-ii_const_19651207_gaudium-et-spes_po.html>. Acesso em: 9 nov. 2016.

CVII – Concílio Ecumênico Vaticano II. **Lumen gentium**: constituição dogmática sobre a Igreja. In: CONCÍLIO ECUMÊNICO VATICANO, 2., 1961-1965, Vaticano, 21 nov. 1965c. Disponível em: <http://www.vatican.va/archive/hist_councils/ii_vatican_council/documents/vat-ii_const_19641121_lumen-gentium_po.html>. Acesso em: 9 nov. 2016.

CVII – Concílio Ecumênico Vaticano II. **Sacrosanctum Concilium**: constituição conciliar sobre a sagrada liturgia. In: CONCÍLIO ECUMÊNICO VATICANO, 2., 1961-1965, Vaticano, 4 dez. 1963. Disponível em: <http://www.vatican.va/archive/hist_councils/ii_vatican_council/documents/vat-ii_const_19631204_sacrosanctum-concilium_po.html>. Acesso em: 9 nov. 2016.

CVII – Concílio Ecumênico Vaticano II. **Unitatis redintegratio**: decreto sobre o ecumenismo. In: CONCÍLIO ECUMÊNICO VATICANO, 2., 1961-1965, Vaticano, 21 nov. 1964. Disponível em: <http://www.vatican.va/archive/hist_councils/ii_vatican_council/documents/vat-ii_decree_19641121_unitatis-redintegratio_po.html>. Acesso em: 9 nov. 2016.

DENZINGER, E. **Manual de los símbolos, definiciones y declaraciones de la Iglesia em matéria de fe y costumbres**. Versión directa de los textos originales por Daniel Ruiz Bueno. Barcelona: Editorial Herder, 1963. Disponível em: <http://www.sacerdotesoperarios.org/libros/denzinger.pdf>. Acesso em: 18 nov. 2016.

DIDAQUÉ: o catecismo dos primeiros cristãos para as comunidades de hoje. 6. ed. São Paulo: Paulus, 2006.

FRANCISCO, Papa. **Lumen fidei**: carta encíclica do Sumo Pontífice Francisco aos bispos, aos presbíteros e aos diáconos, às pessoas consagradas e a todos os fiéis leigos – sobre a fé. Roma, 29 jun. 2013. Disponível em: <http://w2.vatican.va/content/francesco/pt/encyclicals/documents/papa-francesco_20130629_enciclica-lumen-fidei.html>. Acesso em: 24 jul. 2016.

GANOCZY, A. **Os sacramentos**: estudo sobre a doutrina católica dos sacramentos. São Paulo: Loyola, 1988.

HOUAISS, A.; VILLAR, M. de S.; FRANCO, F. M. de M. **Dicionário Houaiss da língua portuguesa**. versão 3.0. Rio de Janeiro: Instituto Antônio Houaiss; Objetiva, 2009. 1 CD-ROM.

IRENEU DE LIÃO, Santo. Demonstratio praedicationis apostolicae. In: CNBB – Confederação Nacional dos Bispos do Brasil. **Catecismo da Igreja Católica**: edição revisada de acordo com o texto oficial em latim. São Paulo: Loyola, 2000.

JOÃO PAULO II, Papa. **Carta às famílias**. São Paulo: Paulinas, 1994a.

JOÃO PAULO II, Papa. **Catechesi tradendae**: exortação apostólica de sua santidade Papa João Paulo II ao episcopado ao clero e aos fiéis de toda a Igreja sobre a catequese do nosso tempo. Roma, 16 out. 1979. Disponível em: <http://w2.vatican.va/content/john-paul-ii/pt/apost_exhortations/documents/hf_jp-ii_exh_16101979_catechesi-tradendae.html>. Acesso em: 22 out. 2016.

JOÃO PAULO II, Papa. **Código de Direito Canônico**. 3. ed. São Paulo: Loyola, 2003.

JOÃO PAULO II, Papa. **Código de Direito Canônico**. Versão portuguesa. 4. ed. Conferência Episcopal Portuguesa: Lisboa, 1983. Disponível em: <http://www.vatican.va/archive/cod-iuris-canonici/portuguese/codex-iuris-canonici_po.pdf>. Acesso em: 10 jan. 2017.

JOÃO PAULO II, Papa. **Familiaris consortio**: exortação apostólica de sua santidade João Paulo II ao episcopado, ao clero e aos fiéis de toda a Igreja católica sobre a função da família cristã no mundo de hoje. Roma, 22 nov. 1981. Disponível em: <http://w2.vatican.va/content/john-paul-ii/pt/apost_exhortations/documents/hf_jp-ii_exh_19811122_familiaris-consortio.html>. Acesso em: 9 nov. 2016.

JOÃO PAULO II, Papa. **Ordinatio sacerdotalis**: carta apostólica do Sumo Pontífice João Paulo II sobre a ordenação sacerdotal reservada somente aos homens. 22 mai. 1994b. Disponível em: <https://w2.vatican.va/content/john-paul-ii/pt/apost_letters/1994/documents/hf_jp-ii_apl_19940522_ordinatio-sacerdotalis.html>. Acesso em: 24 jul. 2016.

LUTERO, M. Artigos de Esmalcalde. In: **Livro de concórdia**: as confissões da Igreja Evangélica Luterana. Terceira parte V. Tradução de Arnaldo Schuler. São Leopoldo: Sinodal; Porto Alegre: Concórdia, 1980. p. 51.

MACKENZIE, J. L. **Dicionário bíblico**. São Paulo: Paulinas, 1995.

MIRANDA, A. A. de. **O que é preciso saber sobre o sacramento da ordem**. Aparecida: Santuário, 1987.

NOCKE, F.-J. Doutrina geral dos sacramentos. In: SCHNEIDER, T. (Org.). **Manual de dogmática**. Petrópolis: Vozes, 2002. v. II. p. 171-204.

PAULO VI, Papa. **Divinae consortium naturae**: constituição apostólica de sua santidade o papa Paulo VI sobre o sacramento da confirmação. Roma, 15 ago. 1971. Disponível em: <http://w2.vatican.va/content/paul-vi/pt/apost_constitutions/documents/hf_p-vi_apc_19710815_divina-consortium.html>. Acesso em: 9 nov. 2016.

PAULO VI, Papa. **Ministeria quaedam**: carta apostólica sob a forma de *motu proprio* a qual se estabelecem algumas normas a respeito da Ordem Sacra do Diaconado. Roma, 15 ago. 1972. Disponível em: <https://w2.vatican.va/content/paul-vi/pt/motu_proprio/documents/hf_p-vi_motu-proprio_19720815_ministeria-quaedam.html>. Acesso em: 9 nov. 2016.

PAULO VI, Papa. **Missale romanum**: constituição apostólica de Paulo, bispo servo dos servos de Deus, pela qual se promulga o missal romano, restaurado segundo o decreto do concílio ecumênico Vaticano II para perpétua memória. Roma, 3 abr. 1969. Disponível em: <http://w2.vatican.va/content/paul-vi/pt/apost_constitutions/documents/hf_p-vi_apc_19690403_missale-romanum.html>. Acesso em: 9 nov. 2016.

PAULO VI, Papa. **Sacerdotalis caelibatus**: carta encíclica de sua santidade o Papa Paulo VI aos bispos, aos irmãos no sacerdócio e aos fiéis de todo o mundo católico – sobre o celibato sacerdotal. Roma, 24 jun. 1967. Disponível em: <http://w2.vatican.va/content/paul-vi/pt/encyclicals/documents/hf_p-vi_enc_24061967_sacerdotalis.html>. Acesso em: 9 nov. 2016.

PEREIRA, I. **Dicionário grego-português e português-grego**. Porto: Apostolado de Imprensa, 1957.

REZENDE, C. de. **O serviço sacerdotal**. São Paulo: Ave Maria, 1976.

RIBOLLA, J. **Os sacramentos trocados em miúdos**. 4. ed. Aparecida: Santuário, 1990.

RITUAL DO MATRIMÔNIO. Tradução portuguesa para o Brasil da segunda edição típica, conforme o Ritual Romano restaurado por decreto do Concílio Ecumênico Vaticano II e promulgado pela autoridade de João Paulo II. São Paulo: Paulus, 1993.

ROCCHETTA, C. **Os sacramentos da fé**. São Paulo: Paulinas, 1991.

RUSCONI, C. **Dicionário do grego do Novo Testamento**. São Paulo: Paulus, 2003.

SANTA SÉ. **Catecismo da Igreja Católica**. 1992. Disponível em: <http://www.vatican.va/archive/cathechism_po/index_new/prima-pagina-cic_po.html>. Acesso em: 13 jan. 2016.

SARTORE, D.; TRIACCA, A. M. (Org.). **Dicionário de liturgia**. São Paulo: Paulinas, 1992.

SCHLESINGER, H. Sacerdócio de Cristo. In: SCHLESINGER, H.; PORTO, H. **Dicionário enciclopédico das religiões**. Petrópolis: Vozes, 1995.

SCHNEIDER, T. et al. (Org.). **Manual de dogmática**. Petrópolis: Vozes, 2002. v. II.

SEDOC – Serviço de Documentação. Diaconato Evolução e perspectiva. **Revista Eclesiástica Brasileira**, v. 35, n. 297, mar./abr. 2003.

SEPER, F. C.; HAMER, J. **Inter insigniores**: declaração sobre a questão da admissão das mulheres ao sacerdócio ministerial. Roma, 15 out. 1976. Disponível em: <http://www.vatican.va/roman_curia/congregations/cfaith/documents/rc_con_cfaith_doc_19761015_inter-insigniores_po.html>. Acesso em: 9 nov. 2016.

TABORDA, F. **Sacramentos, práxis e festa**: para uma teologia latino-americana dos sacramentos. Petrópolis: Vozes, 1987.

VANHOYE, V. **Sacerdotes antiguos, sacerdote nuevo**. Salamanca: Sigueme, 1995.

VIDAL, M. **Novos caminhos da moral**: da "crise moral" à "moral crítica". São Paulo: Paulinas, 1978.

VIER, F. (Coord.). **Compêndio do Vaticano II**: constituições, decretos, declarações. 30. ed. Petrópolis: Vozes, 2000.

bibliografia comentada

BOFF, L. **Os sacramentos da vida e a vida dos sacramentos**: mínima sacramentalia. Petrópolis: Vozes, 1980.

Com profundidade e originalidade próprias, Leonardo Boff aborda a teologia dos sacramentos sem distanciar-se da doutrina do magistério. Fazendo uso de exemplos simples do cotidiano, como o fato de as pessoas tomarem chimarrão juntas, ou utilizando a figura de uma caneca, ou de um toco de cigarro, Boff procura explicar a dimensão simbólica dos sacramentos e seus significados teológicos.

BORTOLINI, J. **Os sacramentos em sua vida**: uma visão completa em linguagem popular. São Paulo: Paulus, 2013.

Com uma linguagem bastante didática, a obra trata dos sacramentos como sinais do amor de Deus para com a humanidade. Segundo seu autor, Padre José Bortolini, a imagem mais adequada para sintetizar os sacramentos é a de uma mãe amamentando uma criança. Com novos aprofundamentos bíblicos e boxes com experiências pastorais, o livro conserva as ilustrações originais, que colaboram para a compreensão do conteúdo.

DIDAQUÉ: o catecismo dos primeiros cristãos para as comunidades de hoje. 6. ed. São Paulo: Paulus, 2006.

Didaqué (ou *Didaquê*) é um documento que trata, entre outros assuntos, dos preceitos do início da Igreja cristã. O termo significa "doutrina" ou "instrução". O documento é datado do final do século I da Era Cristã e seu texto é bem próximo aos do Novo Testamento. Serviu de guia e catecismo para os primeiros cristãos. O Didaqué ajuda a conhecer os primórdios do cristianismo, pois apresenta a forma de iniciação cristã e as celebrações da época e como se organizavam as primeiras comunidades. Destaca a característica de simplicidade e a profundidade de vivência do Evangelho na partilha e na fraternidade. Escrito para as nações pagãs, enfatiza o cristianismo como fermento na massa da humanidade, transformando a sociedade.

SAGRADA CONGREGAÇÃO PARA O CULTO DIVINO. **Ritual de bênçãos simplificado**. São Paulo: Paulus, 1998.

O *Ritual de bênçãos simplificado* e o seu uso na Igreja é um bem de imenso valor, pois resgata o significado teológico e bíblico das bênçãos. Quando alguém abençoa, está bendizendo, falando bem, louvando, e louvar é agradecer a Deus por suas obras maravilhosas em benefício das pessoas, do seu povo amado. Por isso, a bênção é feita invocando os bens do amor de Deus sobre algo ou alguém. Benzer é manifestar o Espírito de Deus, que derrama graça sobre o cristão e sobre a Igreja.

SANTA SÉ. **Catecismo da Igreja Católica.** 1992. Disponível em: <http://www.vatican.va/archive/cathechism_po/index_new/prima-pagina-cic_po.html>. Acesso em: 13 jan. 2016.

O catecismo da Igreja Católica é a forma explicada de apresentar a fé católica com reflexão e aprofundamento. O catecismo leva até o cristão a catequese, o ensino genuíno e organizado da fé, da doutrina católica. É trilha segura para a compreensão e a vivência da fé e fonte de ensino e aprendizagem para as comunidades e lideranças cristãs, sempre guiados pelo Espírito Santo.

respostas

Capítulo 1

Atividades de autoavaliação

1. a
2. b
3. c
4. a
5. b

Atividades de aprendizagem

Questões para reflexão

1. O sacramento é canal da graça de Deus, sinal sensível e eficaz dessa graça, instituído por Cristo conforme o Novo Testamento. Ele acontece por meio de gestos, sinais e palavras. O sacramento não apenas representa, mas também realiza e comunica a graça, razão por que é eficaz.

2. Na escolástica, preponderava a perspectiva sistematizadora. Dessa forma, no que diz respeito à teologia dos sacramentos, os escolásticos preocuparam-se, sobretudo, em estipular os critérios para determinar quais ações ou celebrações da Igreja poderiam ser consideradas *sacramentos*. Nesse sentido, podemos destacar os seguintes critérios: a instituição por Cristo, que se relaciona com a determinação da quantidade dos sacramentos; a fórmula *ex opere operato*, relativa à eficácia; e a questão da intenção, ou seja, de querer fazer o que a Igreja faz.
3. Sim. Encontramos na Bíblia alguns textos que fazem referência direta ao batismo, à eucaristia e à penitência. Contudo, não encontramos o termo *sacramento* (*mistério*) empregado nas Escrituras com o mesmo sentido que conhecemos hoje. Entretanto, a Bíblia está repleta de textos que se referem a sinais. E o grande sinal, o sacramento do Pai, no Novo Testamento, que vem revelar seu mistério, é Jesus Cristo. É nos mistérios de sua vida, testemunhados no Novo Testamento, que estão os fundamentos dos sacramentos.

Capítulo 2

Atividades de autoavaliação

1. d
2. b
3. c
4. c
5. c

Atividades de aprendizagem

Questões para reflexão

1. Os sacramentos são celebrações da vida da Igreja como respostas ao chamado de Deus e vêm ao encontro do homem. São chamados *sacramentos da fé* porque supõem e alimentam essa fé. Também a exprimem por palavras e coisas. Celebrando os sacramentos, a Igreja confessa a fé recebida dos apóstolos.
2. Entende-se, a partir de Cristo (o sacramento por excelência do Pai, o sacramento original), que a Igreja, continuadora da missão de Cristo, é o sacramento fundamental. No entanto, ela não expressa igualdade ou identidade, pois é santa e pecadora, ao passo que somente Jesus está repleto do Pai. Nesse sentido, os sacramentos são manifestações da vida da Igreja fundamentadas em Cristo.
3. Presente desde a Igreja antiga, a importância da perspectiva simbólica tem sido redescoberta na teologia contemporânea dos sacramentos. A categoria *símbolo* é fundamental na teologia dos sacramentos, primeiramente, por uma questão antropológica. O ser humano é simbólico, pois se expressa e realiza sua comunicação por meio da linguagem e de gestos, que são simbólicos. Mas é sobretudo pelo fato de não apenas simbolizar, mas de realizar o que indica que o símbolo (como sinal realizador) se apresenta como categoria apropriada para a compreensão dos sacramentos.

Capítulo 3
Atividades de autoavaliação

1. a
2. b
3. a
4. a
5. c

Atividades de aprendizagem

Questões para reflexão

1. O anúncio da palavra de Deus – A leitura da Bíblia traz luz sobre o batizando, e essa luz vem pela verdade revelada por Deus ao povo de Israel. Nas pessoas reunidas na liturgia do batismo, o anúncio desperta uma resposta de fé na palavra revelada. A fé é o elemento fundamental para se receber o batismo, que, em sentido mais profundo, é o "sacramento da fé": é por ele que a pessoa entra na caminhada da Igreja e pode participar e receber os demais sacramentos.

   A água batismal – A água utilizada no rito do batismo é consagrada; sobre ela, o celebrante faz uma oração de epiclese (invocação do Espírito Santo). Ora-se como Igreja, pedindo a Deus que, por meio de Jesus Cristo, seu Filho, a ação e o poder do Espírito Santo venham sobre a água, com a finalidade de que todos os que forem batizados possam "nascer da água e do Espírito" (João, 3. 5).

2. A centralidade da fé cristã está na eucaristia – Ela é o auge da comunicação que Deus realiza, por meio de seu Filho Jesus Cristo, com a humanidade. O participante da liturgia eucarística deve comer e beber, como sinais básicos da ceia do Senhor. A eucaristia tem significado social: não há como permanecer alheio às opressões, injustiças e desigualdades do mundo. Ela é, por excelência, o espaço de agradecimento, de ação de graças pelos elementos pão e vinho e pela presença de Deus na história de seu povo. Os celebrantes da eucaristia estão envoltos em gratidão pela inserção de suas vidas em Deus. A ação de graças faz o cristão agir como cuidador da criação.

3. As pessoas que recebem o batismo adultas têm no crisma o significado de pertencer plenamente à Igreja, conscientes de seus deveres e direitos na comunidade, atendendo ao chamado de Deus para ser missionário e testemunha da fé. A liturgia é única: batismo, crisma

e eucaristia. Para as pessoas que foram batizadas quando crianças, o crisma significa a tomada de decisão pessoal na fé, confessando-a ao mundo.

Capítulo 4
Atividades de autoavaliação

1. a
2. a
3. a
4. e
5. a

Atividades de aprendizagem

Questões para reflexão

1. Reconciliação é o fundamento do sacramento da penitência e da reconciliação. O perdão vem de Deus, pois é por meio do perdão que Ele se comunica com as pessoas, curando-as. A reconciliação é pessoal e social; Deus solidariza-se com o fiel para caminhar com ele e ampará-lo na comunidade cujo centro é Jesus Cristo. Pedir perdão e ser perdoado é agir na direção do próximo, pois o pecado diz respeito ao "eu" e ao "outro". Reconciliar é curar, libertar-se do enfraquecimento da vida, ter paz de novo, liberdade de comunicar-se, ser pessoa digna, ir além do isolamento e da aflição.

2. Na história da Igreja, existem as formas do sacramento da penitência e da reconciliação e de outras práticas penitenciais, como penitência de excomunhão, penitência privada (confissão auricular), indulgências, confissão leiga e celebrações penitenciais. Na atualidade, a prática sacramental é resultado de um processo gradativo que se desenvolveu sob os conceitos de perdoar, reconciliar, converter, sarar e

evidenciar o amor de Deus em Jesus Cristo. A confissão dos pecados e a absolvição sacerdotal foram e são temas teológicos fundamentais. A relação entre o sacramento da penitência e da reconciliação e outras práticas penitenciais é indispensável para a vida diária do cristão, pois, na comunidade, o perdão é uma constante. Penitenciar-se é curar, é reconciliar. A prática penitencial da comunidade está na busca de solução de conflitos, de diálogo e aconselhamento, de leitura das Escrituras e oração, de confissão pública de culpa por parte da Igreja, de movimentos de conversão no sentido de mudanças sociais. Em tudo isso – e em muito mais – há a conversão e a reconciliação que vêm de Deus.

3. A vida é a situação fundamental da unção dos enfermos; vida além da simples noção biológica. Envolve o relacionamento com Deus, com o próximo e com toda a criação. A vivência de cada ser humano é composta de experiências positivas e negativas e de ser amado e rejeitado. A vida sofre também ameaças: relacionamentos e experiências constroem e destroem a vida, podendo possibilitá-la ou impossibilitá-la. A doença é uma situação de ameaça à vida; a enfermidade é o que a fragiliza e a enfraquece, pois estar enfermo é estar com a vida ameaçada fisicamente. Estar enfermo é perceber-se incapaz, privado, enfraquecido na possibilidade de viver. Uma dessas situações é o momento da morte. Assim, o momento da unção dos enfermos é na enfermidade, não exclusivamente na morte.

Capítulo 5

Atividades de autoavaliação

1. b
2. c
3. a
4. c
5. b

Atividades de aprendizagem

Questões para reflexão

1. Ordem e matrimônio são chamados *sacramentos de serviço* porque colaboram de modo especial para a propagação da vida da Igreja. São sacramentos com uma função essencialmente relacional e estão a serviço da comunhão e da missão dos fiéis. Por meio desses sacramentos, cristãos batizados se colocam a serviço da Igreja, que continua a missão de Cristo no mundo. Ambos os sacramentos conferem uma missão particular na Igreja e servem para a edificação dos fiéis.

2. Os ministros do sacramento do matrimônio são os noivos, os quais, livremente, assumem diante de Deus e da comunidade seu desejo de unirem-se para sempre. Conforme a teologia desse sacramento, o que decide o matrimônio é o consentimento de ambos os noivos. O matrimônio tem uma finalidade salvífica: ele é símbolo da união entre Cristo e Igreja. Ora, quem assume essa união e vai vivê-la são os noivos, razão por que eles são os ministros do matrimônio. O padre, o diácono ou mesmo um leigo nomeado para essa função são testemunhas qualificadas, que, oficialmente, em nome da Igreja, recebem e abençoam, em nome de Deus, o juramento feito pelos noivos.

3. Os três graus do sacramento da ordem são: o diaconato (primeiro grau – composto por diáconos), o presbiterado (segundo grau – composto por padres) e o episcopado (terceiro e mais alto grau – composto por bispos).

Capítulo 6
Atividades de autoavaliação

1. a
2. a
3. a
4. a
5. b

Atividades de aprendizagem

Questões para reflexão

1. O exorcismo é a prática da Igreja de anunciar, por sua autoridade e sob o nome de Jesus, que alguém ou alguma coisa está protegido contra o mal e libertado da ação deste. O exorcismo está presente nas ações de Jesus, e a Igreja o faz com base nesse referencial (Marcos, 1: 25-26; 3: 15; 6: 7-13; 16: 17). No batismo, existe uma fórmula de exorcismo simplificada, usada durante o rito. A finalidade do exorcismo é a expulsão dos poderes diabólicos e demoníacos pela autoridade que Jesus confia à Igreja, mas com cuidado pastoral. É indispensável, antes de recorrer ao exorcismo, analisar as condições de saúde da pessoa e verificar aquilo que é responsabilidade da medicina. Na atualidade, o exorcismo é realizado somente por presbíteros com autorização do bispo, observando as regras firmadas pela Igreja (Santa Sé, 1992, n. 1172).

2. Em sua vida, o cristão é gestado na comunidade para seu nascimento na vida do Reino de Deus. A Igreja gera e traz o cristão à vida nova para apresentá-lo a Deus. O caminho para esse oferecimento é Jesus Cristo: por ele, o fiel é levado à ressurreição para a vida (I Coríntios, 15: 42-44.). Na liturgia, celebra-se essa entrega na eucaristia e no momento em que a pessoa é sepultada, durante a celebração de exéquias. A liturgia das exéquias cristãs é uma ação pastoral da Igreja com a finalidade de evidenciar a comunhão dela com o falecido, fazendo participar dessa comunhão toda a comunidade de fé reunida e anunciando aquilo que os cristão esperam: a vida eterna.

3. A eucaristia é o ponto central da celebração das exéquias cristãs, principalmente se elas forem realizadas na Igreja. A eucaristia exprime em profundidade o que significa a morte cristã, por sua ligação com a Páscoa de Jesus.

sobre os autores

Ellton Luis Sbardella é doutor (2022) e mestre (2016) em Teologia pela Pontifícia Universidade Católica do Paraná (PUCPR); especialista em Metodologia do Ensino Religioso (2010) pela Faculdade Internacional de Curitiba (Facinter); licenciado em Filosofia (2013) pela Faculdade Cenecista (CNEC) de Campo Largo; bacharel em Teologia (2008) pela PUCPR; e tecnólogo em Secretariado Executivo (2008) pela Faculdade Tecnológica de Curitiba (Fatec-PR). Atuou como docente no bacharelado em Teologia e na Licenciatura em Filosofia do Centro Universitário Internacional Uninter entre 2014 e 2018, como docente no bacharelado em Teologia na UniFaesp Centro Universitário em 2021 e como docente na licenciatura em Ciências da Religião na PUCPR em 2022. É docente dos ensinos fundamental e médio desde 2007.

Luís Fernando Lopes é doutor (2017) e mestre (2011) em Educação pela Universidade Tuiuti do Paraná (UTP); especialista em Tutoria a Distância (EaD) (2009) e em Formação de Docentes e Orientadores Acadêmicos em EaD (2010) pela Faculdade Internacional de Curitiba (Facinter); graduado em Teologia (2008) pela Pontifícia Universidade Católica do Paraná (PUCPR) e em Tecnologia em Marketing (2008) pela Faculdade de Tecnologia de Curitiba (Fatec-PR); e licenciado em Filosofia (2011) pela Faculdade Padre João Bagozzi. Atua como professor do Programa de Pós-Graduação Mestrado e Doutorado Profissional em Educação e Novas Tecnologias (PPGENT) e da Escola de Educação do Centro Universitário Internacional Uninter.

Impressão:
Julho/2024